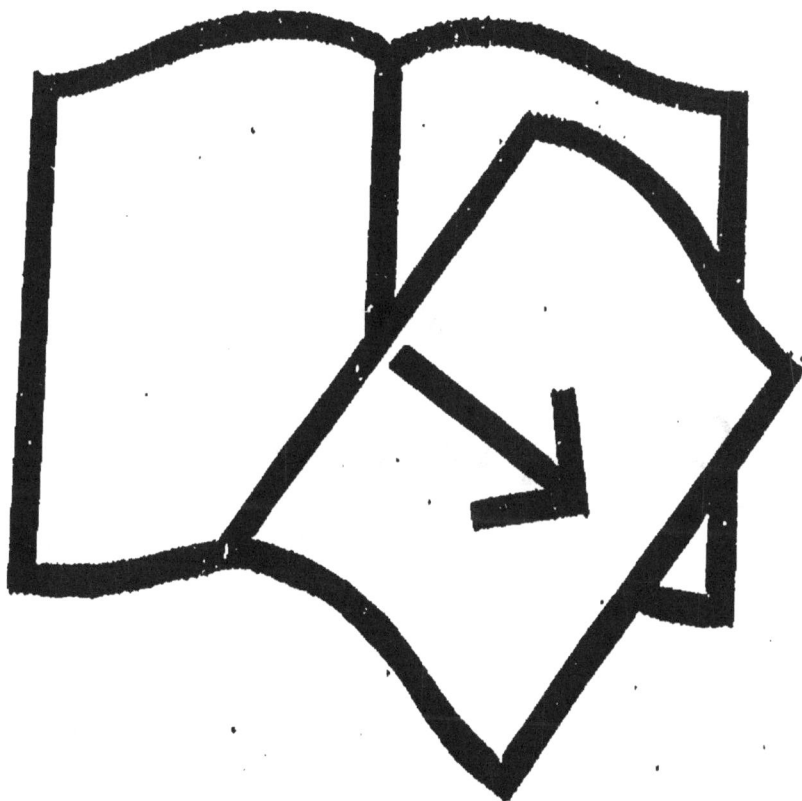

Couvertures supérieure et inférieure
manquantes.

LA NOUVELLE

CLEF DES SONGES

MÊME COLLECTION

A 1 franc l'exemplaire.

LA NOUVELLE CARTOMANCIE OU L'AVENIR PAR LES CARTES, par le célèbre Professeur américain JAMES WORTHINGTON. — Un volume in-18 raisin.

L'ORACLE MODERNE DES DAMES ET DES DÉMOISELLES (L'avenir dévoilé), par le Dr SERTORIUS. — Un volume in-18 raisin.

ÉMILE COLIN. — IMPRIMERIE DE LAGNY

LA NOUVELLE

CLEF DES SONGES

PAR

LE CÉLÈBRE PROFESSEUR AMÉRICAIN

JAMES WORTHINGTON

—◦◦◦◦◦—

PARIS
ERNEST KOLB, ÉDITEUR
8, RUE SAINT-JOSEPH, 8
—
Tous droits réservés

AVIS DE L'ÉDITEUR

Le succès considérable qu'a obtenu la CARTO-
MANCIE, *du professeur James Worthington,
nous a engagé à demander au même auteur
d'écrire pour nos lecteurs un ouvrage sur la*
CLEF DES SONGES.

*Nous ne doutions pas que le public français
appréciât le savoir de M. Worthington et le
talent d'exposition dont il a fait preuve dans
la* CARTOMANCIE; *il ne nous en est pas moins
agréable de constater que nos prévisions se sont
pleinement réalisées : plusieurs éditions de
son livre ont été épuisées en quelques semaines.*

*C'est la juste récompense des longues études
d'un homme auquel son érudition en matière
de sciences occultes donne une autorité incon-
testable, et qui, pour la première fois, avait
consenti, sur notre demande, à livrer ses doctrines au public.*

1.

La CLEF DES SONGES *est le complément de la* CARTOMANCIE. *Il y avait, pour l'écrire, moins de difficultés à vaincre au point vue de la classification et de l'exposition; mais il y avait, d'un autre côté, plus de soins à prendre pour éviter qu'il se glissât la moindre erreur dans les interprétations de rêves et de visions variables à l'infini.*

Nous croyons pouvoir nous porter garant que le nouvel ouvrage que nous offrons aujourd'hui au public se recommande autant que le précédent par la conscience avec laquelle il a été fait; et nous espérons que ses mérites lui vaudront d'être accueilli avec la faveur qu'a rencontrée la CARTOMANCIE.

LA CLEF DES SONGES

PRÉAMBULE

Il faut laisser dire aux modernistes que tourmente le souci des sciences positives que seules sont vraies les doctrines qui peuvent être traitées d'un bout à l'autre par le syllogisme et par la déduction. Leur esprit, façonné par la trituration particulière aux méthodes mathématiques, est incapable de s'élever au-dessus des considérations qui constituent le domaine de l'école utilitaire et se montre rebelle aux investigations qui procèdent des études naturelles, en ce qu'elles ont de plus élevé et de plus immatériel.

De plus immatériel, ai-je dit; et j'insiste sur ce point. Actuellement, en effet, la matière a la prédominance sur l'esprit dans les goûts de l'humanité; et c'est là ce qui fait notre malheur. Aux recherches mystiques où se plaisait l'antiquité on a substitué les recherches positives propres à être mises en équations et traitées comme autant de problèmes d'algèbre.

Et quels ont été les résultats de cette tendance? C'est qu'au lieu de s'élever et de s'é-

largir, l'âme, qui est l'unité vitale, s'est rabaissée
et diminuée; c'est qu'au lieu d'entretenir des
aspirations saines et consolantes, la généralité
des hommes est tombée dans les croyances
étroites d'où naît la désespérance, c'est-à-dire
la diminution de la foi. Le scepticisme est le
mal dont souffre le monde, et c'est à nos philo-
sophes et à nos savants modernes que nous
devons nous en prendre de cette plaie qui s'est
attachée aux générations actuelles et les ronge.

No pas croire, — à peine est-ce tolérable chez
ceux-là que l'âge a maintes fois désillusionnés,
qui vont, les cheveux blanchis et le corps courbé,
n'ayant plus rien à attendre, passant les jours à
se souvenir et à regretter.

Ne pas avoir la foi, — c'est inadmissible chez
ceux-là que ne tourmente pas un réalisme outré,
que la vie n'a pas complètement usés, que Scho-
penhauer et ses disciples n'ont pas gagné à une
prétendue philosophie dont le résultat n'est pas
autre chose que la négation du perfectionne-
ment et du progrès.

Bien différents étaient les hommes de l'antiquité et ceux du moyen âge. Tous, sans en
excepter les plus éclairés, adoptaient plus ou
moins, comme dignes de leur examen, les spéculations où le mystérieux tenait la plus grande
place, où la croyance ne pouvait pas s'étayer sur
le raisonnement et s'appuyer sur des preuves.

Valaient-ils pourtant moins que nous ne
valons? C'est au moins douteux, pour ne pas
dire davantage. Et si le siècle où nous vivons
est appelé à marquer dans l'histoire de l'huma-

nité par l'avancement de l'analyse scientifique, il est peu probable qu'il efface les splendeurs de l'antiquité et les merveilles du moyen âge. Victor Hugo, quelle que soit sa gloire, ne fera pas oublier Homère; Cousin ne fera pas oublier Platon; l'astronomie ne tuera pas l'astrologie, et tous les progrès de la chimie n'effaceront pas les effets de l'alchimie.

Or, parmi les sciences qui ont le plus occupé nos ancêtres, l'onéiromancie, ou l'art d'expliquer les songes, était particulièrement tenue en honneur. Aristote, Hippocrate, Galien, d'autres encore non moins célèbres, s'en sont occupés; Pline estime qu'un songe annonce précisément le contraire de ce qu'il fait voir; c'est ainsi que, d'après lui, rêver que l'on pleure est un présage de joie, et, inversement, rêver que l'on est en joie est un présage de pleurs.

Tout le monde sait l'importance qui est attribuée aux songes dans la Bible. L'histoire de Joseph et celle de Nabuchodonosor, par exemple, sont là pour attester cette importance.

En France, l'art d'expliquer les songes ne commença à être en vogue que vers le commencement du quinzième siècle. Il y fut importé par des bandes errantes qui venaient de la Bohême.

Ces bandes, dit Pasquier, se composaient d'une centaine d'individus, que l'on appela les Bohémiens. Leur chef avait, parmi eux, le titre de duc; d'autres étaient comtes ou barons. Ils avaient dix hommes d'escorte et s'annonçaient comme arrivant de la basse Egypte, d'où les

Sarrasins les avaient chassés. Ils étaient allés à Rome confesser leurs péchés, et le Souverain Pontife leur avait, pour pénitence, enjoint d'errer de par le monde pendant sept années consécutives, sans jamais coucher dans un lit.

Ils campèrent au village de la Chapelle-Saint-Denis, où les Parisiens allaient les voir en foule. Ils avaient les cheveux crépus, le teint basané, et portaient aux oreilles des anneaux d'argent.

Les personnages les plus célèbres de notre siècle ont cru à l'onéiromancie. Napoléon Ier accorda sa confiance entière à Moreau, l'impératrice Joséphine à mademoiselle Lenormand, Louis XVIII à Martin; vers 1850, madame Clément donnait, rue de Tournon, des séances où accourait la société aristocratique de Paris.

C'est surtout des songes que n'a occasionnés aucun état passionnel ou morbide qu'il convient de tenir compte; les songes nés d'une excitation n'ont comme présages qu'une valeur relativement très faible.

Les rêves qui comportent une prophétie réelle sont surtout ceux qui se produisent vers la fin du sommeil, alors que l'esprit, bien reposé, n'est soumis à aucune influence étrangère; il faut, en tout cas, que le travail de la digestion soit complètement terminé, que le songeur n'ait éprouvé aucune émotion violente et qu'à son réveil il ait gardé le souvenir très net de ses visions.

INTERPRÉTATION DES SONGES

Donnée par ordre alphabétique.

A

ABAISSEMENT. — Revers.

ABANDONNER. — *Sa maison*, bénéfice; *sa femme*, réjouissance; *être abandonné d'un parent*, malheur prochain.

ABATIS. — Allégresse.

ABATTOIR. — *Si l'on y tue*, joie; *si l'on n'y tue pas*, danger de mort.

ABATTEMENT. — Faiblesse de caractère.

ABBAYE. — Fin de tribulations.

ABBÉ. — Voyez *prêtre*.

ABBESSE. — Débauche.

ABEILLES. — Profits; *piqûre d'abeilles*, dommage sensible; *prendre des abeilles*, prospérité.

ABÎME. — Mort d'un parent ou d'un ami.

ABJURATION. — Grands malheurs.

ABOIEMENTS. — Perte d'un procès.

ABREUVOIR. — Perte sans importance.

Abri. — *Cherché*, longues difficultés ; *trouvé*, protection.

Abricot. — Bonne santé.

Abricotier. — Contentement ; *chargé de fruits*, prudence ; *dépourvu de fruits*, prospérité ; *portant des fruits hors saison*, succès inespérés ; *portant des fruits secs*, déboires.

Absence. — *D'un homme*, perte d'héritage ; *d'une femme*, chagrins domestiques.

Absinthe. — *Bue*, douleur suivie de joie ; *achetée*, amour prochain ; *vendue*, grande perte.

Absolution. — *Reçue*, on sera victime d'un vol ; *donnée*, raillerie.

Abstinence. — Présage de bonheur.

Acacia. — Bonne nouvelle.

Académie. — Vieillesse tranquille ; *être académicien*, gloire facile.

Acajou. — Vanité qui sera funeste.

Accablement. — Craintes sans fondement.

Accaparement. — *A votre profit*, votre père veut vous déshériter ; *à votre détriment*, confiance mal placée.

Accès. — *De folie*, faveurs méritées ; *de toux*, vos serviteurs racontent ce qui se passe chez vous ; *de fièvre*, votre fils vous ruinera.

Accident. — *Dont on est témoin*, humiliation ; *dont on est victime*, héritage prochain ; *si l'on porte secours aux victimes*, spoliation d'héritage par un ami.

Acclamations. — Danger d'autant plus grave qu'elles sont plus nombreuses et plus retentissantes.

Accolade. — *D'un supérieur*, protection utile.

ACCOSTER. — *Être accosté par un supérieur,* titres honorifiques; *être accosté par un voleur,* réussite.

ACCOUCHEMENT. — Heureuse issue d'un procès; *de deux jumeaux,* grande fortune.

ACCOUCHEUR. — Protection.

ACCOUCHEUSE. — Bavardage.

ACCOUPLEMENT. — Naissance prochaine d'un fils.

ACCOURIR. — Péril imminent.

ACCROC. — Peine passagère.

ACCUEIL. — *Favorable,* infidélité féminine; *mauvais,* suivez les avis qui vous sont donnés.

ACCUMULATION. — Vos projets seront contraires à vos intérêts.

ACCUSÉ. — Médisance.

ACCUSER. — Tourment; *être accusé par un homme,* réussite; *par une femme,* bonne nouvelle.

ACHAT. — *D'objets usuels,* perte prochaine.

ACHETEUR. — Soyez plus économe.

ACIER. — *Si on le vend,* héritage; *si on l'achète,* prospérité commerciale.

ACQUIESCER. — Agréables amourettes.

ACQUISITION. — Bénéfice.

ACRETÉ. — Soucis.

ACTEUR. — Vos amis méritent votre confiance.

ACTRICE. — Votre projet réussira.

ADAM ET ÈVE. — Reconnaissance d'enfant illégitime.

ADHÉSION. — Soyez plus prudent.

ADIEU. — *Le dire,* présage de tranquillité; *le recevoir,* débarras d'un souci.

ADJUDANT. — Perte d'un parent militaire.

ADJUDICATION. — Difficultés d'affaires.

ADMINISTRATEUR. — Grave maladie.

ADMIRER. — Signe de tromperie ; *s'admirer*, rivalité en amour.

ADOLESCENT. — Ennuis.

ADOPTION. — Fortune dans un avenir éloigné.

ADORATION. — Contentement,

ADOUCISSEMENT. — Bonne aubaine.

ADRESSE. — Dignités.

ADULATEUR. — Opprobre en perspective.

ADULTÈRE. — Bénéfice assuré.

ADVERSAIRE. — Victoire sur un rival.

ADVERSITÉ. — *Personnelle*, prenez courage ; *d'autrui*, réussite.

AFFABILITÉ. — Travail intellectuel.

AFFAIBLISSEMENT. — Renom pour un enfant à naître.

AFFAIRES. — *Si elles sont bonnes*, héritage ; *si elles sont mauvaises*, mysticisme.

AFFECTION. — On vous proposera un emploi que vous ferez sagement de refuser.

AFFERMIR. — Prenez courage.

AFFICHE. — *En lire*, travail infructueux ; *en poser*, humiliation ; *en voir poser*, réclamation inattendue.

AFFLICTION. — Triomphe des méchants.

AFFRONT. — Mauvais augure.

AFFUT DE CANON. — Embûches.

AFFUTER. — Désagréments.

AGACEMENT DE DENTS. — Maladie d'enfant.

AGATE. — Tristesse.

AGENT, AGENCE. — Perte de succession.

AGITATION. — Tourments.

AGNEAU. — *Qui s'approche*, mariage avantageux ; *que l'on suit*, vieillesse heureuse ; *que l'on caresse*, maîtresse fidèle ; *par qui l'on est caressé*, nombreuse postérité ; *que l'on possède*, consolation ; *que l'on porte*, heureux avenir ; *que l'on tue*, lâcheté ; *agneau enragé*, fortune considérable dont la jouissance est troublée par des malheurs domestiques ; *marchand d'agneaux*, prospérité.

AGONIE. — *Personnelle*, héritage ; *d'autrui*, gain inattendu ; *d'un ennemi*, longue vie.

AGRAFE. — Travail intellectuel.

AGRANDISSEMENT. — Estime d'autrui.

AGRICULTURE. — Bonheur rustique.

AHURISSEMENT. — Guérison.

AIDER. — Voyage prospère.

AIEUL. — Procès de famille.

AIGLE. — Grande réussite.

AIGRETTE. — Querelle ; *aigrette d'ambre*, bon augure ; *de corail*, joie immodérée ; *de diamant*, dignités ; *de perles*, fortune inespérée ; *de rubis*, calomnies.

AIGREUR. — Accusation d'escroquerie.

AIGUILLE. — *A coudre*, tracasseries de longue durée ; *à tricoter*, médisance féminine.

AIGUILLETTES. — *Nouées*, prospérités ; *dénouées*, remords.

AIL. — La bouche de la femme que l'on épousera sentira la rose.

AILE. — Repos rénovateur.

AIMANT. — Flatterie.

AIRAIN. — Mort d'un parent par empoisonnement.

AJUSTEMENTS. — Vanité.

ALAMBIC. — Inquiétudes.

ALARME. — Crainte pusillanime.

ALCHIMIE. — Succès artistique.

ALGÈBRE. — Heureuse spéculation.

ALIMENT. — *Que l'on prépare*, nombreuse progéniture ; *que l'on offre*, mariage prochain.

ALLAITER. — Présage d'une grande joie.

ALLÉE. — Débauche.

ALLER ÇA ET LA. — Duperie.

ALLUMETTE. — Incendie ; *s'en servir*, femme volage.

ALMANACH. — Ayez une conduite plus sage.

ALOÈS. — Amertume.

ALOUETTE. — Elévation rapide.

ALPHABET. — Vipère dont il faut redouter la morsure.

AMADOU. — Présage de brûlure prochaine.

AMANDE. — *Douce*, perte de biens ; *amère*, amitié profitable ; *manger des amandes*, votre fils s'endettera.

AMANDIER. — Jeunes amours.

AMANT. — Affliction ; *fidèle*, profit ; *infidèle*, disputes ; *riche*, déshonneur.

AMARANTHE. — Douleur partagée.

AMAZONE. — Femme vindicative.

AMBASSADEUR. — Confident dont il faut redouter la trahison.

AMBITION. — Vos projets ne sont pas sages.

AMBRE. — Bonne fortune.

AMBRETTE. — Malheurs causés par une femme.

AMBROISIE. — Rupture d'une vive amitié.

AMBULANCE. — Danger de mort violente.

AME. — *Qui monte au ciel*, regrets; *en enfer*, guérison prochaine.

AMENDE. — Procès chanceux.

AMÉRICAIN. — Amitié sincère.

AMÉRIQUE. — Indépendance.

AMÉTHYSTE. — Tempérance.

AMEUBLEMENT. — *Riche*, orgueil puni; *pauvre*, amours malheureuses.

AMIDON. — Duperie.

AMIRAL. — Voyage sur mer.

AMITIÉ. — Rupture.

AMNISTIE. — Satisfactions au foyer domestique.

AMOLLISSEMENT. — Réussite en affaires.

AMOUR. — Félicité; *partagé*, infidélité d'un associé dans les affaires; *repoussé*, succès commerciaux.

AMOURETTE. — Regrets douloureux.

AMOUREUX. — Inquiétudes.

AMPHITHÉÂTRE. — N'ayez pas d'ambition immodérée.

AMPOULE. — Arrestation.

AMUSEMENT. — Menace d'accident.

ANALYSE. — Espoir fallacieux.

ANANAS. — Contrariété.

ANATOMIE. — Mort prochaine.

ANCHOIS. — Conquête amoureuse.

ANCRE. — Nouvelles lointaines.

ANDOUILLE. — Inconduite.

ANE. — Courage; *blanc*, retard d'une nouvelle attendue ; *gris*, bonheur en amour ; *noir*, infidélité conjugale.

ANÉMONE. — Cadeau prochain.

ANESSE. — Arrivée d'une nouvelle attendue.

ANÉVRISME. — Chagrins mortels.

ANGE. — Accroissement d'honneurs ; *s'ils volent*, heureuse nouvelle.

ANGÉLUS. — Ayez confiance en Dieu.

ANGLAIS. — Avis profitable.

ANGLETERRE. — Liberté.

ANGOISSES. — Réussite assurée.

ANGUILLE. — Malice de femme ; *prise vivante*, ruse innocente ; *prise morte*, chagrin ; *manquée*, déception ; *mangée*, plaisirs.

ANIMAL. — Nouvelle d'un absent ; *animaux en troupe*, abondance ; *en marche*, prospérité.

ANIS. — Cadeau.

ANISETTE. — Douce gaieté.

ANNEAU. — Mariage ; *rompu*, vengeance.

ANNÉE. — Brouille.

ANNIVERSAIRE. — Querelle de famille.

ANSE. — Besoin de protection.

ANTICHAMBRE. — Bénéfice inespéré.

ANTIMOINE. — Chagrin.

ANTIQUAIRE. — Présage de longue vie.

ANTIQUITÉ. — Héritage.

ANTRE. — On vous tend des pièges.

APLATIR. — Vengeance.

APLOMB. — *En avoir*, chute grave ; *le perdre*, emprunt qui ne sera pas remboursé.

APOTHICAIRE. — Tromperie.

APOTRE. — Mauvaise chance.

APOPLEXIE. — Intérêts menacés.

APPARITION. — Illusion.

APPARTEMENT. — *Riche*, ostentation ; *pauvre*, aisance.

APPELER. — Affaires litigieuses.

APPESANTISSEMENT. — Mariage malheureux.

APPÉTIT. — Départ d'amis ; *en manquer*, mauvaise nouvelle.

APPOINTEMENTS. — *Reçus*, présage de succès ; *dissipés*, misère prochaine.

APPORTER. — Commerce en détresse.

APPRENDRE. — Avenir fortuné.

APPRENTISSAGE. — Déboires momentanés.

APPRÊTER. — Economie récompensée.

APPROVISIONNEMENT. — Patrimoine perdu.

APRE. — Procès dangereux.

AQUEDUC. — Héritage.

ARAIGNÉE. — Trahison ; *tuée*, perte d'argent ; *mangée*, procès.

ARBALÈTE. — Avancement rapide.

ARBITRAGE. — Procès dont l'issue est douteuse.

ARBITRE. — Discussions sans fin.

ARBRE. — *Abattu*, malheur prochain ; *debout*, honneurs ; *touffu*, protection ; *y monter*, succès dangereux ; *en tomber*, chute sans importance.

ARBRISSEAU. — Maladie.

ARC. — Faiblesse de caractère.

ARCADE. — Maison ou propriété en ruines.

ARC-EN-CIEL. — *Du matin*, bon signe ; *du soir*, mauvais signe.

ARCHE. — Secours.

ARCHER. — Déchéance de fortune.

ARCHET DE VIOLON. — Flatteurs dangereux.

ARCHEVÊQUE. — Protection d'une personne haut placée.

ARCHITECTE. — Prospérité.

ARCHITECTURE. — Malheur prochain.

ARCHITRAVE. — Profit.

ARCHIVES. — Nouvelles d'un parent depuis longtemps disparu.

ARCHIVISTE. — Discussions à propos d'un héritage.

ARDEUR. — Heureuse spéculation.

ARDOISE. — Amélioration de situation.

ARÈNE. — Scandale.

ARÊTES. — Ennuis.

ARGENT. — *En lingot*, soyez plus économe; *monnayé*, revers de fortune; *compté*, gain.

ARGENTERIE. — *Achetée*, vous serez victime d'un escroc; *vendue*, vos affaires vont prendre une meilleure tournure.

ARGILE. — Mort d'un proche parent.

ARGOUSIN. — Ami emprisonné.

ARIDITÉ. — Affaire en mauvais état.

ARITHMÉTIQUE. — Cadeau que vous paierez cher.

ARLEQUIN. — Amourettes sans lendemain.

ARME. — Mensonge; *tenue en main*, succès; *dont on est blessé*, maladie; *faire des armes*, bonne santé.

ARMÉE. — Ruine; *victorieuse*, tristesse; *vaincue*, danger imminent.

ARMOIRE. — *Pleine*, tromperie de femme; *vide*, amour-propre blessé.

ARMOIRIES. — Mensonge.

ARMURE. — Précaution inutile.

ARMURIER. — Votre vie est menacée.

AROMATE. — Fourberie.

ARPENTAGE. — Bonheur domestique.

ARQUEBUSE. — Action d'éclat.

ARQUEBUSIER. — Concurrence.

ARRACHER. — Récompense.

ARRÊTER. — *Voir arrêter quelqu'un*, un ami a besoin de votre aide; *être arrêté*, vertu mal récompensée.

ARRHES. — Cadeau onéreux.

ARRIVÉE. — *De quelqu'un*, nouvelles importantes.

ARRONDIR. — Bénéfice sans durée.

ARROSER. — Profit; *voir arroser*, déboires imprévus.

ARROSOIR. — Objet perdu.

ARSENAL. — Discorde de famille.

ARSENIC. — Pauvreté.

ARTICHAUT. — Chagrin.

ARTILLERIE. — Orgueil fâcheux.

ARTISTE. — *Peintre*, misère; *musicien*, bavardages; *sculpteur*, pédantisme.

ASCENSION. — Grandeur éphémère.

ASILE. — Avenir prospère.

ASPERGES. — Travail récompensé.

ASPERSION. — Amour platonique.

ASPHYXIE — Profit considérable.

ASPIC. — Association avantageuse.

ASSAILLIR. — Bonne réputation.

ASSAISONNER. — Héritage d'un frère.

ASSASSIN. — Délivrance d'un captif.

ASSASSINAT. —Convalescence.

ASSAUT. — Guérison.

ASSEMBLÉE. — *D'hommes*, rivaux redoutables; *de femmes*, mariage malheureux.

ASSEOIR (s'). — Prochain revers de fortune.

ASSIÉGER. — Efforts insuffisants.

ASSIETTE. — Heureux présage.

ASSIGNATION. — Lettre anonyme.

ASSISTANCE. — Revers de fortune.

ASSOCIATION. — *Avec un homme*, concurrence funeste; *avec une femme*, mariage sans enfants.

ASSOUPISSEMENT. — Retour de fortune.

ASSISTANCE. — Mauvais placement d'argent.

ASTUME. — Trahison dont vous ne souffrirez pas.

ASTROLOGIE. — Tromperie.

ASTRONOMIE. — Renommée.

ATELIER. — Emploi perdu.

ATHLÈTE. — Vous êtes trop léger en affaires.

ATRE. — Joies domestiques.

ATTACHER. — Embûches d'un ennemi.

ATTACHEMENT. — Dénonciation.

ATTAQUER. — Souffrance.

ATTELAGE — Naissance.

ATTENDRE. — Temps perdu.

ATTENTION. — Prenez courage.

ATTOUCHEMENT. — Mœurs dissolues.

ATTROUPEMENT. — Imbécillité.

AUBADE. — Menace d'un danger imminent.

AUBE. — Heureux augure.

AUBÉPINE. — La femme que vous aimez mérite votre affection.

AUBERGE. — *Pleine*, bonheur; *vide*, malheur.

AUBERGISTE. — Vos entreprises réussiront.

AUBIER. — Solitude.

AUDACE. — Réussite certaine.

AUDIENCE. — Bénéfice.

AUDITOIRE. — Respect de soi-même.

AUGE. — Mauvaise conduite.

AUGMENTATION. — Bienfaisance.

AUMONE. — *Faite*, dignité; *reçue*, douleurs prochaines.

AUMONIER. — Bon conseil.

AUNE. — Esprit précis.

AURORE. — Espérance; *boréale*, soyez plus économe.

AUTEL. — Extase religieuse.

AUTO-DA-FÉ. — Sinistre.

AUTOMATE. — Encouragement à suivre les bons exemples.

AUTOMNE. — Bonheur domestique.

AUTRUCHE. — Lointain voyage.

AUVENT. — Protection.

AUVERGNAT. — Nostalgie.

AVALER. — Ruine complète.

AVANIE. — Trésor caché.

AVARICE. — Héritage perdu.

AVARIES. — Affaires mal gérées.

AVENUE. — Rapprochement prochain avec une personne aimée.

AVEUGLE. — Fourberie d'un ami; *le devenir*, pauvreté prochaine.

AVIRONS. — Ayez une conduite plus régulière.

AVOCAT. — Menace de faillite.

AVOINE. — Bénéfice.

AVORTEMENT. — Peines de cœur.

AVRIL. — Réussite de vos entreprises pendant ce mois.

AZUR. — Espérances trompeuses.

B

BABIL. — Menace d'un procès scandaleux.

BABILLARD. — Prenez garde aux médisants ; *babillarde*, prenez garde aux flatteurs.

BABILLER. — Vos propos sont inconsidérés.

BABIOLE. — Manque de volonté.

BAC. — Voyage à la campagne.

BACCHANAL. — Plus d'apparence que de réalité.

BACCHANTE. — Vous avez des tendances à l'orgie.

BACCHUS. — Ivrognerie.

BADAUD. — Calvitie.

BADINAGE. — Vous manquez de tenue.

BAFOUER. — Vous avez des ennemis puissants.

BAGAGE. — Petits ennuis d'intérieur.

BAGARRE. — Consolations.

BAGATELLE. — Serviteurs dévoués.

BAGNE. — Votre paresse vous perdra.

BAGUE. — Amour.

BAGUETTE DIVINATOIRE. — On connaît un secret dont dépend votre tranquillité.

BAIGNOIRE. — Vieillesse heureuse.

BAIL. — Liaison dangereuse.

BAILLON. — Soyez prudent.

BAIN. — Santé ; *bain-marie*, propreté.

BAÏONNETTE. — Victoire certaine.

BAISER. — Réussite en amour ; *la main,*

bonne fortune ; *la terre*, piété ; *baiser reçu*, surprise agréable.

BAL. — Plaisir dispendieux ; *masqué*, plaisir honteux.

BALAFRE. — Infidélité conjugale.

BALAI. — Affaires qui demandent à être vite réglées.

BALANCE. — Justice.

BALANCER (SE). — Nombreuse progéniture.

BALANÇOIRE. — Mariage manqué.

BALAYER. — Propreté.

BALCON. — Curiosité punie.

BALDAQUIN. — Péril imminent.

BALEINE. — *De corset*, amour partagé ; *mammifère*, secours imprévu.

BALLE (A JOUER). — Argent à recevoir prochainement.

BALLET. — Plaisir des yeux.

BALLON. — Projets chimériques.

BALLOT. — Ennuis de ménage.

BALUSTRADE. — Santé compromise.

BANC. — *De bois*, réalisation de promesses reçues ; *de fer*, cadeaux précieux ; *de pierre*, offre avantageuse ; *d'église*, mariage en perspective.

BANCAL. — Succès précédé d'ennuis.

BANDAGE. — Prenez garde à vos ennemis.

BANDEAU. — Félicités amoureuses.

BANNI. — Voyage heureux.

BANNIÈRE. — Nouvelles d'un ami soldat.

BANNISSEMENT. — Revers de fortune.

BANQUE. — Regrets occasionnés par la mauvaise fortune.

Banqueroute. — Heureuse issue d'affaires embrouillées.

Banqueroutier. — Ne vous associez qu'avec d'honnêtes gens.

Banquet. — Succès mondains.

Baptême. — Prospérité.

Baquet. — Affliction.

Baraque. — Epreuves domestiques.

Barbe. — *Longue*, procès gagné ; *courte*, duel ; *blonde*, jours heureux ; *brune*, jours malheureux ; *se faire la barbe*, longs ennuis ; *barbe qui tombe*, entreprise ruineuse.

Barbet. — Présage favorable.

Barbier. — Evitez les cancans.

Barbot. — Revers sans gravité.

Barboter. — Brutalités.

Barbouiller. — Trahison ; *être barbouillé*, grossièreté.

Baril. — Abondance.

Barioler. — Inconstance dont vous souffrirez.

Baromètre. — Vous dirigez mal vos affaires.

Baron. — Protection d'un personnage haut placé.

Baronne. — Complicité.

Barque. — Probité ; *échouée*, misère.

Barreau. — Péril.

Barres (jeu). — Amitié rompue.

Barricade. — Commerce infructueux.

Barrière. — Modérez vos désirs.

Bas. — Affront ; *troués*, persévérance ; *mettre des bas*, perte d'argent ; *ôter ses bas*, aisance.

Bascule. — Perte commerciale.

Basilic. — Amertume.

BASSE-COUR. — Humiliation.

BASSIN. — Surprise agréable.

BASSINET. — Gain de procès.

BASSINOIRE. — Dettes.

BASTION. — Domestiques fidèles.

BAT. — Trahison.

BATAILLE. — Fâcheux présage ; *navale*, dangers menaçants ; *de femmes*, médisance ; *champ de bataille*, chagrins.

BATARD. — Scandale.

BATEAU. — Entreprise profitable ; *être en bateau*, passion naissante.

BATELIER. — Amours pures.

BATIMENT. — Retour à la fortune ; *navire*, affaire douteuse.

BATIR. — Abondance.

BATISTE. — Craintes sans fondement.

BATON. — Prudence nécessaire.

BATTANT DE CLOCHE. — Plus de bruit que de besogne.

BATTEUR. — *De grains*, plaisirs champêtres ; *d'or*, on vous trompe.

BATTOIR. — Malheur imprévu.

BATTRE. — Emportements déraisonnables ; *son mari*, femme respectueuse des droits conjugaux.

BAUDRIER. — Vous vous donnez beaucoup de mal pour rien.

BAUME. — Bonne réputation.

BAVAROISE. — Mariage avec une étrangère.

BAVER. — Dénonciation.

BAZAR. — Orgueil puni.

BEAU-FRÈRE. — Dissensions.

BEAU-PÈRE. — Mauvais présage.

BEAU TEMPS. — Indiscrétion nuisible.

BEAUTÉ. — Jalousie.

BÉCASSINE. — Affection mal placée.

BEC-FIGUE. — Gourmandise.

BÊCHE. — Travail pénible, mais fructueux.

BÊCHER. — Bonne récolte.

BÉGAYER. — Prompte résolution ; *entendre bégayer*, naissance d'un enfant chétif.

BÈGUE. — Indiscrétion fâcheuse.

BÉGUIN. — Vives contrariétés.

BEIGNETS. — Prochaine réunion de famille.

BÊLEMENT. — Bavardages inoffensifs.

BELETTE. — Malheurs conjugaux.

BÉLIER. — Mauvais présage.

BELLE-FILLE. — Tentation.

BELLE-MÈRE. — Inceste.

BELLE-SŒUR. — Trahison.

BELVÉDÈRE. — Réussite éphémère.

BÉNÉDICTION. — Mort d'un parent.

BÉNÉFICE. — Conscience tranquille.

BÉNITIER. — Ame pure.

BÉQUILLES. — Danger évité.

BERCEAU. — *D'enfant*, fécondité ; *de verdure*, mystère d'amour.

BERGAMOTE. — Bonheur sans nuage.

BERGER. — Héritage.

BERGÈRE. — Mariage prochain et heureux.

BERGERIE. — Un ami réclame vos soins.

BERLINE. — Heureux voyage.

BESACE. — Grande misère.

BESOIN. — Garantie pour l'avenir.

BÊTE. — (Voyez au mot *animal* et aux noms des différents animaux.)

BETTERAVE. — Chagrins oubliés.

BEUGLEMENT. — Faites votre testament; car vous êtes en danger de mort.

BEURRE. — Naissance d'un fils.

BIBERON. — Abondance.

BIBLIOTHÉCAIRE. — Présage de folie.

BIBLIOTHÈQUE. — Conseils à rechercher.

BICHE. — Contentement; *Biches en troupe*, retraite paisible.

BIDET. — Soyez de meilleure composition.

BIÈRE. — (*Boisson*), perte de temps; (*cercueil*), mort prochaine.

BIGARREAUX. — Bigamie.

BIGOT. — Défiance nécessaire.

BIJOUX. — Orgueil puni; *faux*, flatterie ridicule.

BILBOQUET. — Retour d'un voyageur.

BILLARD. — Spéculation aventureuse.

BILLET. — *Quelconque*, bonne nouvelle; *billet doux*, changement de fortune; *de loterie*, prodigalité; *de commerce*, poursuites judiciaires.

BISCORNU (OBJET.) — Mauvais instincts.

BISCUIT. — Bonne santé; *de mer*, bonnes nouvelles venant de loin.

BISE. — Revers.

BISTOURI. — Maladie.

BITUME. — Attachement malheureux.

BIVOUAC. — Séjour heureux à l'étranger.

BIVOUAQUER. — Vous deviendrez célèbre.

BIZARRERIE. — Torts réparés.

BLAME. — Mauvais conseils.

3.

BLANCHEUR. — Commerce florissant.

BLANCHISSERIE. — Prospérité.

BLANCHISSEUR. — Disculpation.

BLANCHISSEUSE. — Garantie pour l'avenir.

BLASON. — Dignités.

BLASPHÈME. — Soupçons.

BLÉ. — Abondance.

BLESSURE. — *Faite*, tristesse ; *reçue*, héritage ; *vue*, maladie au foyer domestique.

BLETTE. — Désappointement.

BLEU. — Gain illicite.

BLOC. — Perte au jeu.

BLOUSE. — Voyage de courte durée.

BLUET. — Plaisirs d'amour.

BLUTEAU. — Bénéfice.

BOBÈCHE. — Ennemi caché.

BOCAGE. — Intrigues mystérieuses.

BOCAL. — Union conjugale.

BŒUF. — Richesse ; *bœufs attelés*, union prospère.

BOHÉMIEN, BOHÉMIENNE. — Tempérance.

BOIRE. — Maladie nerveuse.

BOIS. — (*A brûler*), richesse croissante ; (*forêt*), opulence.

BOISERIE. — Affaires embarrassées.

BOISSEAU. — Justice.

BOISSON. — Mœurs dissolues.

BOITE. — Mariage prochain.

BOITER, BOITEUX. — Maladie incurable.

BOMBARDER. — Danger de mort.

BOMBE. — Déshonneur au foyer domestique.

BONBONS. — Flatteries perfides.

BONHEUR. — Espoir déçu. }

BONNET. — *De femme*, mariage prochain ; *de nuit*, rêve agité.

BORDAGE. — Voyage sur mer.

BORGNE. — Soyez plus vigilant.

BORNE. — Crédulité.

BOSSE. — Raillerie.

BOSSU. — Chagrin.

BOSTON. — Temps gaspillé.

BOTANIQUE. — Précaution à prendre.

BOTANISTE. — Vos affaires réussiront.

BOTTELAGE. — Querelle non motivée.

BOTTES. — Mort d'un parent éloigné ; *botte d'oignons*, vieillesse précoce.

BOTTINES. — Jalousie.

BOUC. — Liaison inavouable; *troupeau de boucs*, héritage.

BOUCHE. — Prospérité commerciale.

BOUCHER. — *Verbe*, mystère ; *subst.*, mort subite.

BOUCHERIE. — Catastrophe ruineuse.

BOUCHON. — Mœurs légères.

BOUCLE. — *De cheveux*, affection sincère ; *d'oreille*, mort subite ; *de soulier*, familiarités coupables.

BOUCLIER. — Virginité.

BOUDERIE. — Ennuis sans gravité.

BOUDIN. — *Blanc*, commerce prospère ; *noir*, affaires embarrassées.

BOUDOIR. — Amours faciles.

BOUE. — Saleté.

BOUFFISSURE. — Tristesses.

BOUFFON. — Frugalité.

BOUGIE. — Enterrement.

BOUILLI. — Concorde.

BOUILLIE. — Mariage avec une femme vieille et riche.

BOUILLON. — *Maigre*, santé ; *gras*, richesse.

BOULANGER. — Chagrin.

BOULANGÈRE. — Soyez plus économe.

BOULANGERIE. — Heureuse année.

BOULE. — Argent gaspillé ; *en mouvement*, folie.

BOULEAU. — Grâce.

BOULET. — Détresse.

BOULEVARD. — Promenade.

BOULEVERSEMENT. — Fortune risquée.

BOUQUET. — Fausse nouvelle.

BOURACAN. — Désespoir.

BOURBE. — Mort par sinistre.

BOURBIER. — Grande infortune.

BOURDON. — Frayeur ridicule.

BOURDONNEMENT. — Médisance.

BOURGEOIS. — Suffisance.

BOURGEON. — Naissance d'un héritier.

BOURRACHE. — Fièvre.

BOURREAU. — Déshonneur.

BOURRELET. — Amour platonique.

BOURRELIER. — Cancans.

BOURSE. — On sera généreux à votre égard.

BOUSSOLE. — Long voyage sur mer.

BOUTEILLE. — *Vide* chanson ; *pleine*, sobriété ; *cassée*, tristesse.

BOUTIQUE. — Espérance ; *louer une boutique*, succession inattendue.

BOUTON. — Héritage inespéré ; *de fleur*, commerce prospère.

BOUTONNIÈRE. — Amour éphémère.

BOUVIER. — Mœurs dissolues.

BOUVREUIL. — Joie suivie de peines cuisantes.

BOYAUX. — Maladie mortelle.

BRACELET. — Prospérité ; *que l'on achète*, servitude ; *que l'on a perdu*, joie passagère ; *que l'on donne*, mariage prochain ; *que l'on reçoit*, douleur cuisante.

BRACONNER. — Libertinage.

BRACONNIER. — Infidélité conjugale.

BRAISE. — Veuvage.

BRANCARD. — Mort subite.

BRANCHAGES. — Richesse.

BRANDEBOURGS. — Ivresse.

BRAS. — Amitié fidèle ; *cassé*, mort d'un ami ; *croisés*, mort d'un parent ; *étendu*, bon accueil ; *donner le bras*, affection profonde.

BRASSERIE. — Paresse.

BRASSEUR. — Soyez plus courageux.

BRAVOURE. — Déployez plus d'énergie.

BREBIS. — Richesse.

BREVET. — Affaires prospères.

BRÉVIAIRE. — Piété.

BRIDE. — Tuteur.

BRIGAND. — Perte d'un parent.

BRIOCHE. — Famille désunie.

BRIQUES. — Construction.

BRISER. — Santé menacée.

BROC. — Ivrognerie.

BROCANTEUR. — Vanité dont on souffrira.

BROCARD. — Fausse gloire.

BROCHE. — *De bois*, retour de fortune ; *de fer*,

travail pénible; *mettre à la broche*, travail bien rétribué; *tourner la broche*, servitude.

BROCHET. — Peines inutiles; *péché*, fatigue; *mangé*, danger de mort; *que l'on fait cuire*, amour conjugal.

BROCHURE. — Amour de la science.

BRODEQUINS. — Voyage prochain.

BRODER. — Heureux présage.

BRODERIE. — Ambition.

BRONZE. — Réussite.

BROSSE. — Vigilance.

BROUETTE. — Pauvreté.

BROUILLARD. — Projets irréalisables.

BROUILLE. — Sécurité.

BROUTER. — Pénurie.

BROYER. — Dangers conjugaux.

BRU. — Tentation.

BRUGNON. — Gourmandise.

BRUIT. — Fausse renommée.

BRULURE. — Adversité.

BRUTALITÉ. — Calamité.

BRUYÈRE. — Fidélité dans l'infortune.

BUCHER. — Erreur de jugement.

BUCHERON. — Récompense prochaine.

BUCHES. — Santé.

BUÉE. — Protection divine.

BUFFET. — Abondance.

BUFFLE. — Prospérité.

BUIS. — Consolation.

BUISSON. — Obstacles dont vous triompherez.

BUREAU. — Lettre dont le contenu surprendra.

BURETTES. — Mettez de l'eau dans votre vin.

BURIN. — Mauvaise réputation non méritée.

Busc. — Mariage prochain d'un ami.
But. — Réussite.
Butte. — Elévation justifiée.

C

Cabale. — Médisance.
Cabane. — Humilité.
Cabaret. — Graves défauts ; *y être seul*, honte ; *y être en famille*, joie honnête.
Cabaretier. — Orgies.
Cabinet. — Héritage considérable.
Cabriolet. — Bonne fortune.
Cachemire. — Indigence prochaine.
Cachet. — Secret mal gardé.
Cacheter. — Vous triompherez des médisants.
Cachette. — Mépris d'autrui.
Cachot. — Châtiment.
Cadavre. — Mort prochaine.
Cadeau. — Punition.
Cadenas. — Précautions inutiles.
Cadran. — Héritage suivi de mariage ; *solaire*, soyez prudent.
Cadre. — Bonheur conjugal.
Café. — *Vu*, prospérité ; *bu*, longue vie ; (*estaminet*), sensualité.
Cage. — Captivité ; *avec des oiseaux*, retour à la liberté.
Cagot. — Défiance nécessaire.
Cahier. — Dettes payées.
Caille. — Embûches.
Cailloux. — Intrigues.

CAISSE. — Succès.

CAISSIER. — Affaires prospères.

CALAMITÉ. — Second mariage.

CALCUL. — Réussite en affaires.

CALÈCHE. — Prospérité inespérée.

CALEÇON. — Affection sincère.

CALENDRIER. — Amour constant.

CALICE. — Terrible épreuve.

CALICOT. — Prétentions ridicules.

CALOMNIE. — Vice découvert.

CALOTTE. — Danger imminent.

CALQUER. — Mauvaises connaissances.

CALUS. — Perte de procès.

CALVITIE. — Mauvais présage.

CAMAIL. — Coquetterie.

CAMARADE. — Trahison.

CAMBOUIS. — Réputation compromise.

CAMÉLÉON. — Amour du changement.

CAMELOT. — Petits profits commerciaux.

CAMION. — Petite succession.

CAMP. — Bravoure.

CAMPAGNE. — Voyage d'agrément; *militaire*, bien-être.

CAMPHRE. — Mariage d'inclination.

CANAL. — Vous vous marierez au loin.

CANAPÉ. — Affection intime et sincère.

CANARD. — Lettre anonyme; *mangé*, plaisir d'amour.

CANCER. — Maladie mortelle; *dont on est atteint*, suicide.

CANNELLE. — Héritage d'un parent éloigné.

CANEVAS. — (*Toile*), complot.

CANIF. — Brouille de famille.

CANNE. — Querelle.

CANON. — Guerre ; *que l'on tue*, ruine prochaine.

CANONNIER. — Gloire.

CANOT. — Honnête récréation.

CANTIQUE. — Paix de l'âme.

CAPILLAIRE. — Langueur.

CAPITAINE. — Dignité.

CAPORAL. — Incapacité.

CAPOTE. — Agacerie de femme.

CAPRES. — Mort violente.

CAPUCHON. — Gardez mieux vos secrets.

CAPUCIN. — Réconciliation.

CAPUCINES. — Bonne réputation.

CAQUET. — Indiscrétions qui causeront votre perte.

CARABINIER. — Vaillance.

CARAFE. — Abstinence.

CARAFON. — Espoir déçu.

CARCAN. — Mépris des gens de bien.

CARCASSE. — Maladie de langueur.

CARDER. — Vos entreprises réussiront.

CARDEUR. — Espionnage.

CARDINAL. — Vous ne réussirez que grâce à l'économie.

CARDON. — Vanité.

CARESSE. — Plaisirs conjugaux.

CARILLON. — Faiseur d'embarras.

CARNAGE. — Perte d'enfants.

CARNAVAL. — Déconsidération.

CAROTTE. — Vous prêterez de l'argent qu'on ne vous rendra pas.

CARPE. — Santé.

CARRIOLE. — Ayez plus d'esprit de suite.

CARROSSE. — Bêtise.

CARTEL. — (*Provocation*), projet blâmable.

CARTES. — *A jouer*, argent mal placé; *de visite*, secret dévoilé; *jouer aux cartes*, vous serez la dupe de trompeurs.

CARTON. — Ennui.

CARTOUCHE. — Victoire.

CASAQUIN. — Rouerie.

CASCADE. — Mariage heureux.

CASERNE. — Honneurs mérités.

CASQUE. — Chagrins domestiques; *pour un militaire*, gloire.

CASQUETTE. — Existence péniblement gagnée.

CASSEROLE. — Sensualité.

CASSETTE. — Tracas amoureux.

CASSIS. — Affliction.

CASTOR. — Mort subite d'un ami.

CATACOMBES. — La mort vous menace.

CATAFALQUE. — Injustice.

CATALOGUE. — Bonne société.

CATAPLASME. — Longue convalescence.

CATARRHE. — Mort.

CATÉCHISME. — Amour des enfants.

CAUCHEMAR. — Infidélités conjugales.

CAVALCADE. — Mariage.

CAVALERIE. — Discipline.

CAVALIER. — Injustice; *cavaliers (soldats)*, honneur.

CAVE. — Aisance.

CAVERNE. — Péril.

CÈDRE. — Heureuse vieillesse.

CEINTURE. — Mariage d'inclination.

CEINTURON. — Splendeur.

CÉLERI. — Infidélités conjugales.

CÉLIBATAIRE. — Un de vos amis va devenir veuf.

CENDRE. — Fâcheuse nouvelle.

CENTENAIRE. — Héritage.

CENTIMES. — Petite fortune honorablement gagnée.

CERCEAU. — Victoire remportée avec peine.

CERCLE. — Résistance vaincue.

CERCUEIL. — Mort prochaine.

CÉRÉMONIES. — Mortification.

CERF. — Elévation; *cerfs en troupe*, augmentation de famille.

CERFEUIL. — Mariage avec une personne riche et belle.

CERF-VOLANT. — Puissance.

CERISES. — Nouvelles favorables.

CERNEAUX. — Attente trompée.

CERVEAU. — Sagesse.

CERVELAS. — Maux d'estomac.

CERVELLE. — Mauvais renseignements.

CHAGRIN. — Joie au réveil.

CHAINE. — Mélancolie; *dont on est chargé*, revers.

CHAIR. — Bonheur intime.

CHAIRE. — Hommages.

CHAISE. — Distinction. — *Chaise de poste*, fortune considérable.

CHALE. — Ruine.

CHALEUR. — Revers inattendus.

CHAMBRE. — *Bien meublée*, tristesse; *mal*

meublée, joie; *Chambre des Députés*, bavardages.

CHAMEAU. — Sobriété.

CHAMP. — *Inculte*, indigence; *cultivé*, opulence.

CHAMPIGNONS. — Longue vie.

CHANCELIER. — Dignités.

CHANCRE. — Maladie dangereuse.

CHANDELIER. — Amour.

CHANDELLE. — Réussite en affaires.

CHANGEMENT. — Désenchantement.

CHANT. — Peines cachés; *des oiseaux*, plaisir.

CHANTEUR. — Mauvaise société.

CHANVRE. — Suicide.

CHAPE. — Faveur prochaine.

CHAPEAU. — Hommages.

CHAPELET. — Secret découvert.

CHAPELIER. — Tromperie d'un ami.

CHAPELLE. — Amour profane.

CHAPON. — Héritage volé; *mangé*, ruine.

CHAR. — Jalousie.

CHARBON. — *Ardent*, reproches; *éteint*, gloire
éphémère.

CHARBONNIER. — Infidélité féminine.

CHARCUTERIE. — Usure.

CHARCUTIER. — Pauvreté qui se cache.

CHARDON. — Goûts dépravés.

CHARDONNERET. — Médisance.

CHARGE. — Travail pénible.

CHARIOT. — Travail bien rétribué.

CHARITÉ. — *Faite*, félicité; *reçue*, affront.

CHARIVARI. — Mauvais procédés.

CHARLATAN. — Plaisir éphémère.

CHARMILLE. — Doux entretiens.

CHAROGNE. — Mauvais présage.

CHARPENTIER. — Accroissement de famille.

CHARPIE. — Maladie contagieuse.

CHARRETIER. — Homme rude, mais bienfaisant.

CHARRETTE. — Maladie passagère.

CHARRON. — Persévérez avec courage.

CHARRUE. — Heureuses entreprises.

CHARTE. — Bonne nouvelle de l'étranger.

CHASSE. — Escroquerie.

CHASSEUR. — Bénéfices.

CHASSIS. — Affront.

CHAT. — *Blanc*, trahison; *noir*, perfidie féminine; *roux*, tristesse.

CHATAIGNES. — (Voir *Marrons*.)

CHATEAU. — Bon augure.

CHATELAIN. — Protection.

CHAUDIÈRE. — Hardiesse.

CHAUDRON. — Bonnes nouvelles de la campagne.

CHAUDRONNIER. — Héritage d'un parent éloigné.

CHAUFFERETTE. — Mauvaise fréquentation.

CHAUMIÈRE. — Probité dans la misère.

CHAUSSÉE. — Bons conseils.

CHAUSSONS. — Philosophie pratique.

CHAUVE-SOURIS. — Attaque nocturne.

CHAUX. — Déception.

CHEMIN. — Fortune; *chemin de fer*, vous réussirez dans vos affaires.

CHEMINÉE. — *Allumée*, amour fidèle; *sans feu*, amour déçu.

CHEMISE. — Santé.

CHÊNE. — Longue vie.

CHENÊT. — Entêtement.

CHENILLE. — Ennemis cachés.

CHERCHER. — Misère.

CHERTÉ. — Succès.

CHEVAL. — *Blanc*, protecteur; *noir*, deuil; *alezan*, fredaines; *pie*, luxe; *monté*, succès certain; *attelé*, réussite; *arabe*, fidélité; *à l'écurie*, perte d'argent; *que l'on ferre*, maladie; *mort*, perte d'un parent; *emporté*, colère.

CHEVET. — Grande fortune.

CHEVEUX. — *Blonds*, niaiserie; *noirs*, force; *rouges*, intrigues féminines; *blancs*, caducité; *crépus*, maladie.

CHÈVRE. — Amour inconstant.

CHEVREAU. — Vous avez des ennemis.

CHÈVREFEUILLE. — Liens d'amour.

CHEVREUIL. — Amour libre.

CHICANE. — Menace de procès.

CHICORÉE. — Amertume.

CHIEN. — *Blanc*, fidélité; *noir*, médisance; *enragé*, craintes justifiées; *de chasse*, sécurité; *chiens qui se battent*, embûches; *chiens qui aboient*, calomnies.

CHIFFON. — Lettre de femme.

CHIFFONNIER. — Pauvreté.

CHIFFRES. — Usure.

CHIMIE. — Peines inévitables.

CHINE. — Santé.

CHINOIS. — Voyage sur mer.

CHIQUER. — Mariage manqué.

CHIRURGIE. — Maladie aiguë.

CHIRURGIEN. — Accident.

CHOC. — Veuvage.

CHOCOLAT. — Bonheur conjugal.

CHOCOLATIER. — Maladie.

CHOLÉRA. — Nouvelle de la mort d'un ami.

CHŒUR. — *(Chant)*, gaieté ; *chœur d'église*, mort d'un parent éloigné.

CHOISIR. — Brillante imagination.

CHOUETTE. — Mort dans la famille.

CHOUCROUTE. — Petits profits.

CHOUX. — *Blancs*, mariage prochain ; *verts*, espérance ; *choux-fleurs*, grandes nouvelles de la campagne ; *manger des choux*, ennemis.

CHUTE. — Bonheur.

CIBOIRE. — Piété.

CIBOULE. — Sarcasmes.

CICATRICE. — Ingratitude.

CIDRE. — Contrariété ; *en boire*, dispute.

CIEL. — Bonheur ; *ciel de lit*, santé.

CIERGE. — Mariage prolifique.

CIGALE. — Recette perdue.

CIGARE. — Déception.

CIGOGNE. — Mauvais augure.

CIGUE. — Mort violente.

CIL. — Faillite.

CILICE. — Privations.

CIMENT. — Sécurité.

CIMETIÈRE. — Retour d'un voyageur.

CIRCONCISION. — Usure.

CIRE. — *Blanche*, accident ; *brune*, rendez-vous galant ; *jaune*, enterrement ; *rouge*, discrétion.

CIRER. — Rapt.

CISEAUX. — Brouille entre amoureux.

CITADELLE. — Nouvelles d'un soldat.

CITATION. — Chagrins.

CITERNE. — Perte de temps.

CITRON. — Amertume.

CITRONNIER. — Contrariétés.

CITROUILLE. — Convalescence ; *mangée*, ménage paisible.

CIVET. — Réussite.

CIVETTE. — Vieillesse heureuse.

CLAIE. — Désordre.

CLAIR DE LUNE. — Rendez-vous nocturne.

CLARTÉ. — Solution d'affaires gênantes.

CLAVECIN. — Dispute.

CLÉ. — Mariage.

CLERC. — Voyage nécessité par un héritage.

CLIENT. — Succès commerciaux.

CLOAQUE. — Peines sans profit.

CLOCHE. — Alarme.

CLOCHER. — Chagrins domestiques.

CLOCHETTE. — Mariage d'inclination.

CLOISON. — Confiance mal placée.

CLOITRE. — Nonchalance.

CLOTURE. — Ingratitude.

CLOU. — Réputation compromise ; *de girofle*, fortune sur son déclin.

CLOUER. — Une grave maladie vous menace.

CLOUTERIE. — Fuyez les mauvais lieux.

CLOUTIER. — Ennemi dont il faut craindre les médisances.

CLYSTÈRE. — Naissance.

COCARDE. — Courage.

COCHER. — Insolence.

COCHON. — Mœurs dissolues ; *d'Inde*, exil.

Cocon. — Elévation.

Cœur. — Maladie mortelle.

Coffre. — Prenez garde aux voleurs.

Coiffer. — Infidélités conjugales; *se coiffer*, habitudes d'ordre.

Coiffeur. — Bavard.

Coiffure. — Tristesse.

Coing. — Profits.

Col. — Arrestation.

Colère. — Ennemis menaçants.

Colimaçon. — Timidité exaspérée.

Colin-Maillard. — Joie.

Colique. — Tribulations.

Collation. — Plaisir suivi de peine.

Colle. — Dévouement; *colle-forte*, indigence occasionnée par l'inconduite.

Collège. — Ennui mortel.

Collerette. — Succession inespérée.

Collier. — *D'or*, surveillez mieux vos intérêts; *d'ambre*, bénéfice; *de corail*, mariage prochain; *de diamants*, déception; *de perles*, raccommodement.

Colline. — Intrigues domestiques.

Colombe. — Plaisirs honnêtes.

Colombier. — Naissance d'un enfant qui vivra peu.

Colonel. — Estime d'autrui.

Colonne. — Bonne réputation.

Colosse. — Protecteur puissant.

Combat. — (Voyez *Bataille*.)

Combattre. — Mauvais présage.

Combinaison. — Vous réussirez dans une affaire importante.

COMÉDIE. — Succès.

COMÉDIEN. — Médisance.

COMÈTE. — Peste ou famine.

COMMANDANT. — Avancement rapide.

COMMANDEMENT. — Payez vos dettes.

COMMANDER. — Distractions.

COMMERÇANT. — Association profitable.

COMMERCE. — Heureux avenir.

COMMMÉRAGE. — Indiscrétions qui causeront votre perte.

COMMÈRE. — Futilités.

COMMIS. — Défiez-vous de votre entourage ; *commis d'administration*, argent.

COMMISSAIRE. — Secours.

COMMISSION. — *Donnée*, longue vie ; *reçue*, oubli fâcheux.

COMMISSIONNAIRE. — Probité.

COMMODE. — Soyez plus assidu.

COMMODITÉ. — Bénéfices.

COMMUNION. — Votre vie est en danger.

COMPAGNE. — Maladie.

COMPAGNIE. — Médisance.

COMPAGNON. — Embûches.

COMPAS. — Abus de confiance.

COMPÈRE. — Fâcheux présage.

COMPLAINTE. — Mort subite.

COMPLIMENT. — *Fait*, mensonge ; *reçu*, vanité satisfaite.

COMPOTE. — Economie.

COMPOTIER. — Hypocrisie.

COMPTER. — Banqueroute d'un débiteur.

COMPTEUR. — Vous serez victime d'un incendie.

COMPTOIR. — Embarras d'argent.

COMTE. — Protection.

COMTESSE. — Encouragement.

CONCERT. — Meilleure santé.

CONCESSION. — Accord.

CONCIERGE. — Relations difficiles.

CONCILIATION. — Négligence ruineuse.

CONCOMBRE. — Naïveté.

CONCUBINAGE, CONCUBINE. — Honte publique.

CONDAMNATION. — Ennemis vaincus.

CONDAMNÉ. — Heureuses nouvelles.

CONDUCTEUR. — Chance pour l'avenir.

CONDUIRE. — (*Une voiture*), profits pour un avenir éloigné.

CONFESSEUR. — Infortune consolée.

CONFESSION. — Soyez plus réfléchi.

CONFESSIONNAL. — Bénéfice.

CONFIDENCE. — Imprudence que vous vous repentirez d'avoir commise.

CONFIRMATION. — Récompense méritée.

CONFISEUR. — Mariage manqué.

CONFITURES. — Satisfaction.

CONFUSION. — Vous souffrirez par vos enfants.

CONGÉ. — *Donné*, fâcheux concours de circonstances; *reçu*, soulagement.

CONGRÈS. — Injures.

CONQUÊTE. — Protection.

CONSCRIT. — Complications d'événements.

CONSEIL. — *Donné*, rupture; *reçu*, ennui.

CONSENTEMENT. — *Donné*, argent mal acquis; *reçu*, dommage causé par un ami.

CONSERVES. — Repentir.

CONSIGNE. — *Donnée*, arrogance ; *reçue*, obéissance ; *exécutée*, probité.

CONSOLATION. — Une lettre va vous apporter de la joie.

CONSTANCE. — Amour partagé.

CONSTIPATION. — Dommage causé par un ami.

CONSULTER. — *Un avocat*, ruine ; *un médecin*, mort ; *un livre*, instruction ; *un oracle*, prudence.

CONTE. — Vous avez trop bon cœur.

CONTENTEMENT. — Argent extorqué.

CONTESTATIONS. — Amitié trahie.

CONTRARIÉTÉ. — Timidité excessive.

CONTRAT. — Vos désirs ne se réaliseront pas.

CONTRAVENTION. — Médisances.

CONTREBANDE. — Mauvaises spéculations.

CONTREBANDIER. — Chagrins domestiques.

CONTRE-POISON. — Rendez-vous manqué.

CONTREVENT. — Entourez-vous de gens expérimentés.

CONTRIBUTION. — Bonne renommée.

CONVALESCENCE. — Bel héritage.

CONVIVE. — Flatteur à éloigner.

CONVULSION. — Retour d'un ami à la santé.

COPIER. — Vous serez bientôt riche.

COPISTE. — Nombreux obstacles.

COPEAUX. — Vous serez ruiné par des hommes d'affaires.

COQ. — Confiance ; *coq qui chante*, joie ; *combat de coqs*, querelles.

COQUELICOT. — Bon caractère.

COQUELUCHE. — Craintes puériles.

COQUETTERIE. — Chagrins domestiques.

COQUILLAGE. — Voyage lointain, suivi d'un mariage au retour.

COR. — *D'harmonie*, intrigue amoureuse ; *de chasse*, protestations mensongères ; *dont on joue*, peines de cœur ; *cor aux pieds*, tourments.

CORAIL. — Bénéfices.

CORBEAU. — Présage de mort.

CORBEILLE. — Abondance ; *de mariage*, accroissement de famille.

CORBILLARD. — Mort prochaine.

CORBILLON. — Gêne d'argent.

CORDAGE. — Sécurité.

CORDE. — Longue vie ; *d'instrument*, propos malveillants.

CORDEAU. — Affaires embrouillées.

CORDERIE. — Danger.

CORDIER. — Mauvaises fréquentations.

CORDON. — Heureux avenir.

CORDONNIER. — Misère.

CORNE. — Infidélité.

CORNEILLE. — Présage de mort.

CORNET. — *Vide*, mauvaise spéculation ; *plein*, perte au jeu.

CORNETTE. — Infidélité conjugale.

CORNICHE. — Achat de propriété.

CORNICHON. — Maladie.

CORPS. — *Quelconque*, spéculations hasardeuses ; *d'homme*, courage ; *de femme*, bavardage ; *corps de garde*, ruine ; *corps qui tombe*, infirmités.

CORRIDOR. — Vous gagnerez un procès.

CORROYEUR. — Bonnes mœurs.

CORSAGE. — *Blanc*, pudeur; *de couleur*, perte de biens.

CORSAIRE. — Intrépidité.

CORSET. — Mariage prochain en pays éloigné.

CORTÈGE. — Réunion d'amis.

COSAQUES. — Désastre.

COTE. — (*Route montueuse*), joie; *rivage*, sinistre maritime.

COTEAU. — Plaisirs champêtres.

COTELETTE. — *De mouton*, confiance; *de veau*, tempérament faible; *de porc*, retour à la santé.

COTON. — Pauvreté.

COU. — Succession.

COUCOU. — Infidélité.

COUCHER. (SE). — Paresse.

COUDE. — Tracasseries.

COUDRE. — Agréable surprise.

COULEUVRE. — Ennemi caché.

COULOIR. — (Voir *Corridor*).

COUP. — *De bâton*, ennemi; *de poing*, forfanterie; *de pied*, humiliation; *de fleuret*, querelles; *quelconque*, entreprise douteuse.

COUPABLE. — Un chagrin vous menace.

COUPER. — Cadeau.

COUPERET. — Caractère hautain.

COUR. — Hospitalité.

COURAGE. — Succès.

COURGE. — Astuce.

COURIR. — Soyez plus prudent.

COURONNE. — *De fleurs*, plaisirs; *de laurier*, succès; *d'épines*, persécution; *de lierre*, amitié sincère et durable ; *d'or*, dignités ; *de chêne*, patriotisme ; *d'olivier*, douceur de caractère ; *d'immortelles*, gloire artistique.

COURONNEMENT. — Protection.

COURONNER. — Service rendu à un ingrat.

COURRIER. — Imprudence.

COURSE. — *A pied*, liberté ; *à cheval*, duperie.

COURTIER. — Ambition.

COURTISAN. — Vénalité.

COURTISANE. — Scandale.

COURTISER. — Flagornerie.

COUSIN. — (*Parent*), mariage prochain ; (*insecte*), calomnie.

COUSINE. — Tentation amoureuse.

COUSSIN. — Vous dissiperez votre patrimoine.

COUTEAU. — Amitié rompue.

COUTELAS. — Discorde.

COUTELIER. — Injustice.

COUTURIÈRE. — Plaisirs mondains.

COUVENT. — *De moines*, hospitalité ; *de femmes*, consolation ; (*pensionnat*), ennui.

COUVERCLE. — Indiscrétion.

COUVREUR. — Astuce.

COUVRIR. — Laissez-vous consoler par l'espérance.

CRABE. — Dédain.

CRACHAT. — Dégoût.

CRAIE. — Accès de colère.

CRAINTE. — Soignez votre poitrine.

CRAMPE. — Perte d'héritage.

CRANE. — Maladie cérébrale.

CRAPAUD. — Spéculations heureuses.

CRAVACHE. — Créanciers.

CRAVATE. — Servitude.

CRAYON. — Lettres sans importance.

CRÈCHE. — Naissance d'un fils.

CRÉANCIER. — Richesse prochaine.

CRÉMAILLÈRE. — Joyeux festins.

CRÈME. — Grande joie succédant à un petit danger.

CRÊPE. — (*Etoffe*), rencontre inattendue ; (*gâteau*), plaisirs immoraux.

CRÉPUSCULE. — Attaque nocturne.

CRESSON. — Santé.

CREVASSE. — Vieillesse malheureuse.

CREVETTES. — Nuits passées dans la débauche.

CRIBLE. — Excès nuisibles à la santé.

CRIER. — Faiblesse de constitution ; *au voleur*, joyeux réveil ; *à l'assassin*, fausse alarme.

CRIME. — Disgrâce.

CRIMINEL. — Mort d'un parent.

CRISTAUX. — Perfidie.

CROCHET. — Brutalité.

CROCODILE. — Voyage lointain dont les suites vous seront funestes.

CROIX. — Affliction ; *en or*, action d'éclat.

CROQUER. — Vous souffrirez de vos bavardages.

CROQUIGNOLES. — Réprimandes méritées.

CROUPIER. — Le jeu vous ruinera.

CRUAUTÉ. — Mauvaises fréquentations.

CRUCIFIX. — Danger menaçant.

CRUCHE. — *Vide*, état précaire ; *d'eau*, plaisirs éphémères ; *d'huile*, réputation compromise.

CUILLER. — *En bois*, chagrins ; *en étain*, perte d'argent ; *en argent*, gain à la loterie.

CUIR. — Bonne nouvelle.

CUIRASSE. — Soyez plus prudent.

CUIRASSIER. — Courage.

CUISINE. — Indigence.

CUISINIER. — Gourmandise.

CUISINIÈRE. — Ménage bien tenu.

CUISSES. — Infidélité.

CUIVRE. — *Jaune*, richesse ; *rouge*, empoisonnement.

CUL-DE-SAC. — Banqueroute frauduleuse.

CULBUTE. — Affaires manquées.

CUL-DE-JATTE. — Malheur.

CULOTTE. — Repos mérité.

CULTIVATEUR. — Affaires négligées.

CULTURE. — Aisance.

CUMUL. — Position menacée.

CUPIDITÉ. — Malheur en perspective.

CUPIDON. — Amourettes.

CURAÇAO. — Chagrin passager.

CURIEUX. — Ne racontez pas vos secrets.

CURIOSITÉ. — Ennuis.

CUVE. — Réussite en affaires.

CUVETTE. — Maladie imaginaire.

CYGNE. — *Blanc*, candeur ; *noir*, brouilles domestiques ; *qui chante*, présage de mort.

CYMBALES. — Jactance.

CYPRÈS. — Infortune.

D

DAIM. — Pusillanimité.

DAIS. — Guérison.

DAMAS. — Pari perdu.

DAME. — *Du monde*, projets chimériques; *du demi-monde*, commérages.

DAMES. — (*A jouer*), affliction.

DAMIER. — Chicanes.

DAMNATION. — Triomphe.

DAMNÉ. — Tourments.

DANGER. — Succès.

DANSE. — Infirmités.

DANSER. — Infortune.

DANSEUR. — Heureux présage; *danseuse*, tromperie.

DARTRE. — Fortune volée.

DATTES. — Volupté; *mangées*, santé.

DÉ. — (*A coudre*), vieillesse précoce; *à jouer*, perte de temps.

DÉBAT. — Querelle.

DÉBAUCHE. — Maladie et regrets.

DÉBAUCHÉ. — Soyez plus continent.

DÉBRIS. — *Quelconques*, famine; *de vaisseau*, naufrage prochain; *de viandes*, pauvreté.

DÉCENCE. — *En avoir*, estime; *en manquer*, affront.

DÉCÈS. — Voir *mort*.

DÉCHIRER. — Faveurs féminines.

DÉCISION. — Soyez plus prudent dans l'administration de vos affaires.

DÉCLAMATION. — On vous tend un piège.

DÉCLARATION. — Bonne fortune.

DÉCLOUER. — Patience.

DÉCOIFFER. — Insulte.

DÉCOR. — Ambition exagérée.

DÉCORATION. — Mérite récompensé.

DÉCOUDRE. — Protection puissante.

DÉCOUPER. — Longue vie.

DÉCOURAGEMENT. — Zèle insuffisant.

DÉCOUVRIR. — Succession prochaine.

DÉCROCHER. — Nouvelles d'un absent qui vous réjouiront.

DÉCROTTEUR. — Procès en perspective.

DÉDAIN. — Un ami vous perdra.

DÉESSE. — Mensonge dont vous souffrirez.

DÉFENSE. — Coquetterie.

DÉFENSEUR. — Vos amis vous abandonneront.

DÉFIANCE. — Le malheur vous guette.

DÉFIGURÉ. — Amitié solide.

DÉFRICHER. — Perplexité.

DÉGAGEMENT. — On vous cache la vérité.

DÉGAT. — Ayez plus de retenue.

DÉGEL. — Affliction.

DÉGRADATION. — (*Militaire*), ruine certaine.

DÉGRINGOLER. — Vos craintes ne sont pas fondées.

DÉGUENILLÉ. — Une personne pauvre fera votre bonheur.

DÉJEUNER. — Réunion d'amis.

DÉLICATESSE. — Biens convenablement administrés.

DÉLICES. — N'abusez pas des plaisirs.

DÉLIRE. — Retard dans les affaires.

DÉLIVRANCE. — Vous rentrerez en possession d'un bien que vous avez perdu.

DÉLUGE. — Perte de biens.

DÉMANGEAISON. — Argent qui arrive.

DÉMENTI. — Amis en danger de mort.

DEMI-LUNE. — Demi-fortune.

DÉMOLITION. — Construction démolie.

DÉMISSION. — Vous mourrez d'apoplexie.

DÉNICHER. — Plaisirs défendus.

DÉNONCIATEUR. — Lâcheté.

DÉNONCIATION. — Manque de prudence.

DENTELLE. — Vous deviendrez très riche.

DENTISTE. — Préjudices causés par des mensonges.

DENTS. — Chagrin; *qui tombent*, mort d'un enfant; *arrachées*, affront; *gâtées*, affliction.

DÉPART. — Retour d'une personne qui vous est chère.

DÉPENSE. — Misère.

DÉPÉRISSEMENT. — Contentement.

DÉPOUILLEMENT. — Mélancolie.

DÉRÈGLEMENT. — Affront mérité.

DÉROUILLER. — Temps perdu.

DÉSARMER. — Emprisonnement.

DESCENDRE. — Pertes.

DÉSERT. — Mystère.

DÉSERTEUR. — Nouvelles d'un absent.

DÉSHABILLER (SE). — Scandale.

DÉSHÉRITÉ (ÊTRE). — Mauvaise conduite.

DÉSHONNEUR. — Conduite immorale.

DÉSOBÉISSANCE. — Fautes graves.

DÉSOLATION. — Amélioration de votre condition.

DÉSOSSER. — Soyez plus sobre.

DESSALER. — Présage de maladie.

DESSÉCHEMENT. — Débauche.

DESSERVIR. — Calme.

DESSIN. — Amitié feinte.

DESTRUCTION. — Retour de fortune.

DÉTESTER. — Profanation.

DETTES. — Vous réalisez des bénéfices considérables.

DÉVIDER. — Vous déjouerez un complot ourdi contre vous.

DEVIN, DEVINERESSE. — Défiance.

DEUIL. — *Pour un homme*, veuvage; *pour une femme*, mort; *pour un célibataire et pour une jeune fille*, mariage.

DÉVORER. — Craintes sans fondement.

DÉVOT. — Fourberie.

DÉVOTION. — Fausse vertu.

DIABLE. — Avis perfide; *le combattre*, péril; *causer avec lui*, richesse.

DIACRE. — Colère.

DIAMANT. — Fortune gaspillée.

DIARRHÉE. — Bonne affaire.

DICTIONNAIRE. — Savoir.

DIÈTE. — (*Jeûne*), sûreté dans les affaires.

DIEU. — (*Prier*), consolation.

DIFFAMATEUR. — Maladie.

DIFFAMATION. — Rétablissement de fortune.

DIFFORMITÉ. — *Personnelle*, succès; *d'autrui*, joie.

DIGUE. — Mettez un frein à vos passions.

DILATATION. — Succès tardif.

DILIGENCE. — Fortune; *dans laquelle on*

voyage, retards en affaires; *versée*, réussite.

DIMINUTION. — *Si vous êtes pauvre*, richesse ; *si vous êtes riche*, pauvreté.

DINDE. — Imbécillité.

DÎNER. — Naissance d'un enfant.

DISCIPLINE. — Vous couvez une maladie grave.

DISCOURS. — Vous parlez à tort et à travers.

DISCRÉTION. — Chagrins en perspective.

DISGRACE. — Votre orgueil vous perdra.

DISSECTION. — Médisance sans profit.

DISSIPATION. — Ruine prochaine.

DISTILLATEUR. — Banqueroute.

DISTILLERIE. — Vol.

DISTRACTION. — Faillite.

DISTRIBUTION. — Héritage.

DIVERTISSEMENT. — Abus des plaisirs frivoles.

DIVORCE. — Dissimulation.

DOCTEUR. — Patience.

DOIGT. — Dommages; *doigt coupé*, perte d'ami.

DOME. — Orgueil nuisible.

DOMESTIQUE. — Infidélité.

DOMINO. — (*A jouer*), perte de temps; *jouer aux dominos*, ruine; (*masque*), aide donnée par un inconnu.

DOMMAGE. — Affaires embrouillées.

DOMPTEUR. — Imprudence.

DONATION. — *Offerte*, ingratitude; *reçue*, amitié.

DORER. — Prospérité.

DORMEUR. — Paresse.

DORMIR. — Pauvreté.

DORTOIR. — Vieillesse prématurée.

DORURE. —Considération.

DOS. — Malheur.

DOT. — Bonheur conjugal.

DOUANE. — Difficultés passagères.

DOUBLURE. — Conseils utiles.

DOUCEUR. — Agissez sans précipitation exagérée.

DOUTE. — Honte.

DRAGON. — *Ailé*, craintes puériles ; *soldat*, service rendu par un ancien soldat.

DRAP. — Aisance prochaine ; *de lit*, chagrins de famille ; *mortuaire*, ménage prospère.

DRAPEAU. — Gloire.

DRESSOIR. — Mariage d'inclination.

DROGUES. — Bon présage.

DROGUISTE. — Défiez-vous des gens qui vous flattent.

DUC. — (*Oiseau*), attaque nocturne ; *dignitaire*, perte de procès.

DUCHESSE. — Amour sans espoir.

DUEL. — Rivalité dangereuse.

DUPERIE. — Misère.

DURETÉ. — Trahison.

DURILLON. — Affront.

DUVET. — Opulence.

DYSENTERIE. — Plaisir durable.

E

EAU. — *Claire*, heureux présage ; *bourbeuse*, fortune compromise ; *bouillante*, séparation judiciaire ; *bénite*, recommandez-vous à Dieu ;

de Cologne, maladie cérébrale ; *eau-de-vie*, débauche ; *de mélisse*, maladie d'une personne aimée.

Ebène. — Lâcheté.

Ebéniste. — Dénonciation.

Eborgner. — Chagrins domestiques.

Eboulement. — Un affront vous menace.

Ebrancher. — Fortune prochaine.

Ecailles. — *D'huitre*, joie ; *de poisson*, succès.

Ecarlate. — Honneurs sans profit.

Echafaud. — Mauvais penchants.

Echafaudage. — Affaires ruineuses.

Echalas. — Créanciers exigeants.

Echalottes. — Dévotion.

Echantillon. — Prospérité professionnelle.

Echarpe. — Procès.

Echasses. — Fortune menacée.

Echaudés. — Goûts dispendieux.

Echéance. — (*Commerciale*), désordre.

Echecs. — *Y jouer*, haine ; *y gagner*, tristesse ; *y perdre*, réussite.

Echelle. — Perte d'emploi.

Echeveau. — *De fil*, affaires embrouillées ; *de soie*, qualités qui assureront votre avenir.

Echo. — Hydropisie.

Eclaboussure. — Bien-être.

Eclair. — Discorde grave.

Eclat. — (*Lumineux*), déception ; *éclat de rire*, duperie.

Eclipse. — *De soleil*, perte ; *de lune*, dommage de peu d'importance.

Ecluse. — Domptez vos passions.

Ecole. — Ennuis.

ECOLIER. — Travaux profitables.

ECONOMIE. — Prospérité.

ECORCE. — Prenez garde à la flatterie.

ECORCHURE. —Escroquerie.

ECOSSES. — Bon cœur.

ECRAN. — Vanité funeste.

ECRASER. — Vous vaincrez vos ennemis.

ECREVISSE. — *Crue*, retard dans les affaires ; *cuite*, séparation de corps.

ECRIRE. — Bonnes nouvelles d'un ami.

ECUME. — Orgueil qui causera votre perte.

ECUREUIL. — Vigilance.

ECURIE. — Activité.

ECUYER. — Opulence par le travail.

EDENTÉ. — Héritage gaspillé.

EDIFICE. — Paiements suspendus.

EFFACER. — Emploi perdu.

EFFETS. —Goûts dispendieux.

EFFORT. — Victoire dans vos projets.

EFFROI. — Courage.

EFFRONTERIE. —Insulte.

EGARÉ. — (*Etre*), impatience.

EGLISE. — Bienfaisance.

EGORGER. — Mariage qui tournera mal.

EGOUT. — Déshonneur.

ELECTRICITÉ. — Constance.

ELÉGANCE. — Duel mortel.

ELÉPHANT. — Protection.

ELÉVATION. — Police correctionnelle.

ELIXIR. — Bonne réputation.

EMBALLER. — Voyage prochain.

EMBARRAS. —Commerce compromis.

EMBAUMER. — Prenez plus de précautions.

EMBOURBÉ. — Affaires embrouillées qui réussiront.

EMBRASSER. — Trahison.

EMBROCHER. — Vous cherchez vainement à nuire.

EMBUSCADE. — Ne négligez pas vos affaires.

EMEUTE. — Plaisir dangereux.

EMMAILLOTER. — Union heureuse.

EMPEREUR. — Inquiétude.

EMPLATRE. — Maladie.

EMPLETTE. — Perte prochaine.

EMPOIS. — Entreprise heureuse.

EMPOISONNER. — Soyez discret.

EMPRUNT. — Soyez prudent.

EMULATION. —Désirs réalisés.

ENCENS. — Parasite.

ENCLUME. — Travail.

ENCRE. —Testament qui vous sera favorable.

ENFANT. — Fécondité; *enfant mort*, héritage.

ENFER. — Effroi.

ENFILER. — Mariage heureux et prochain.

ENFLURE. — Mauvais présage.

ENGAGEMENT. — Folie.

ENGELURE. — Chagrins passagers.

ENGOURDISSEMENT. — Négligence qui vous sera préjudiciable.

ENIGME. — On vous tendra un piège.

ENLÈVEMENT. — Spéculation malheureuse.

ENLUMINURE. —Dissipation.

ENNEMI. — Perfidie dont vous êtes menacé.

ENNUI. — Corrigez-vous de votre paresse.

ENRAGÉ. -- (*Chien*), biens perdus.

ENSANGLANTÉ. — Menace d'un grand malheur.

ENSEIGNE. — Apparences décevantes.

ENSEIGNER. — Vous soignez mal vos intérêts.

ENSEMENCER. — Soyez persévérant.

ENSEVELIR. — Perfidie.

ENTONNOIR. — Mauvaise conduite.

ENTORSE. — Désagrément.

ENTRAILLES. — Présage favorable.

ENTREMETS. — Héritage.

ENTREPRISE. — Soyez actif et judicieux.

ENTRESOL. — Menus profits.

EPAULE. — Elévation.

EPAULETTE. — Amour de la gloire.

EPÉE. — Combat.

EPERON. — Un malheur vous menace.

EPERVIER. — Profit.

EPINARDS. — Santé compromise.

EPINES. — Sensualité; *en être piqué*, médisance féminine.

EPINGLE. — Economie.

EPITAPHE. — Mauvaises nouvelles d'un parent.

EPITRE. — Réputation compromise.

EPONGE. — Faillite.

EQUERRE. — Injustice.

ERMITE. — Ami fidèle.

ESCALADE. — Succès.

ESCALIER. — Profit; *que l'on monte*, ruine; *que l'on descend*, infidélité.

ESCLAVE. — Infortune.

ESCROC. — Démêlés judiciaires.

ESPIÈGLERIE. — Mauvais caractère.

ESPION. — Trahison.

ESTAMINET. — Sensualité.

ESTAMPE. — Inimitié.

Estime. — Effort louable.

Estomac (mal a l'). — Excellente santé.

Estropié. — Fortune.

Esturgeon. — Maladie prochaine.

Etain. — Amour excessif de l'argent.

Etang. — Joie.

Eté. — Présage heureux.

Eteignoir. — Tristesse.

Eternité. — Confiance en Dieu.

Etincelle. — Sinistre dont vous serez victime.

Etiquette. — Mérite reconnu.

Etoffe. — Opiniâtreté au travail.

Etoile. — Affliction.

Etouffement. — De grandes peines vous attendent.

Etourneau. — Légère satisfaction.

Etranger. — Curiosité satisfaite.

Etrennes. — *Données*, joie; *reçues*, peines.

Etrier. — Voyage prochain.

Etrilles. — Danger.

Etude. — (*Travail*), joie; *de notaire, d'avoué, etc.*, chagrins.

Etui. — Trouvaille.

Evangile. — Vous êtes estimé de tous ceux qui vous connaissent.

Evanouissement. — Plaisir éphémère.

Eventail. — Des flatteurs cherchent à vous nuire.

Evêque. — Faveurs assurées.

Excès. — Récompense.

Excrément. — Argent.

Exécution. — Secours.

EXEMPTION. — Protection.

EXERCICE — *Que l'on prend*, inconduite ; *exercice militaire*, bonnes nouvelles.

EXIL. — *Personnel*, chagrin passager ; *d'autrui*, chagrin durable.

EXPÉDITION. — Long voyage.

EXPERT. — Triomphe des méchants.

EXTASE. — Surprise heureuse.

EXTRAVAGANCE. — Déshonneur.

F

FABLE. — Joie ; *que l'on récite*, profit.

FABRIQUE. — Association.

FAÇADE. — *D'une maison*, projets avortés ; *d'un édifice*, consolation prochaine.

FACTEUR. — Vous allez recevoir une lettre que vous attendez impatiemment.

FACTION. — Peine.

FACTIONNAIRE. — Patience.

FAILLITE. — Succès industriel.

FAIM. — (*Que l'on éprouve*), indolence.

FAISAN. — Opulence.

FAMILIARITÉ. — Tromperie.

FAMILLE (ETRE EN). — Bonheur conjugal.

FANTOME. — *Blanc*, joie ; *noir*, peine.

FARCE. — Complicité coupable.

FARD. — Dissimulation.

FARDEAU. — Labeurs récompensés.

FARINE. — Abondance.

FAUCHEUR. — Convalescence.

FAUSSAIRE. — On vous tend des pièges.

FAUSSE COUCHE. — Mort d'un petit enfant.

FAUSSE-MONNAIE. — Soyez plus circonspect.

FAUTEUIL, — Fonctions honorifiques.

FAUX. — (*Instrument*), vous triompherez aisément de vos ennemis.

FAVEUR. — *Sollicitée*, temps perdu ; *obtenue*, joie éphémère.

FÉE. — Protection.

FEMME. — *Brune*, amour platonique ; *blonde*, richesse ; *rousse*, querelles conjugales ; *enceinte*, bonne nouvelle ; *coquette*, mensonges.

FENÊTRE. — *Fermée*, obstacle ; *ouverte*, chance.

FER. — *Froid*, bonheur ; *rouge*, chagrins ; *fer à cheval*, voyage.

FERMAGE. — Espoir.

FERME. — Prospérité.

FÉRULE. — Punition méritée.

FESTIN. — Succès mondains.

FÊTE. — *Si vous êtes l'amphitryon*, danger ; *si vous êtes un invité*, plaisir.

FEU. — *Vif*, colère ; *éteint*, pauvre ; *feu follet*, souvenirs de parents morts ; *feu de la Saint-Jean*, promenade champêtre ; *feu d'artifice*, réjouissance.

FEUILLES. — Joie ; *qui tombent*, maladie dangereuse.

FÈVES. — Tendresse ; *si on en mange*, procès.

FIANÇAILLES. — Mariage prochain.

FIDÉLITÉ. — Bonheur conjugal.

FIEL. — Querelles.

FIERTÉ. — Prétention mal fondée.

FIÈVRE. — Ambition exagérée.

FIGUES. — *Fraîches*, bonheur; *sèches*, chagrin; *sur l'arbre*, plaisir d'amour.

FIGURE. — *Triste*, peines; *gaie*, joie.

FIL. — Situation modeste; *embrouillé*, secret; *que l'on coupe*, intrigues; *que l'on dévide*, secret découvert; *fil d'argent*, inutiles embûches; *fil d'or*, réussite.

FILASSE. — Menace de misère.

FILER. — Ennuis.

FILET. — Changement de temps.

FILLE. — *Brune*, volupté; *blonde*, apathie.

FILLEUL. — Ingratitude.

FILOU. — Réussite malgré les méchants.

FILS. — Travail fructueux.

FLACON. — Ivrognerie.

FLAGEOLET. — (*Instrument de musique*), amourettes; (*légume*), voir *Haricot*.

FLAMBEAU. — *Allumé*, profit; *éteint*, emprisonnement.

FLEURS. — Tendres messages; *fleurs de lys*, puissance.

FLEUVE. — Amour. (Voyez *Rivière*.)

FLOTTE. — Voyage malencontreux.

FLUTE. — Probité.

FLUXION. — Longue vie.

FOIE. — Infortune.

FOIN. — Réussite assurée.

FOIRE. — *Où l'on va*, inquiétude; *d'où l'on revient*, incendie; *où l'on est*, embarras.

FOLIE. — Excellente santé.

FONTAINE. — Abondance.

FORCE. — Vous avez des ennemis acharnés à votre perte.

Forêt. — Opulence.

Forteresse. — Plaisir.

Fortune. — Inquiétude ; *sur sa roue*, danger.

Fossé. — Abaissement; *où l'on tombe*, prospérité ; *que l'on saute*, trahison.

Fossé, Fossoyeur. — Mort d'un ami absent.

Fou (être). — Votre fils deviendra célèbre.

Foudre. — Mort d'un parent.

Fouet. — Chagrins domestiques ; *donner des coups de fouet*, ennuis ; *en recevoir*, joie.

Foulard. — Vos dépenses sont excessives.

Foule. — Importunité.

Four. — *Allumé*, misère ; *éteint*, aisance.

Fourche. — Héritage.

Fourchette. — Maux causés par la gourmandise.

Fourmi. — Travail ; *fourmis en troupes*, tentation.

Fournaise. — Votre conduite est inconsidérée.

Fourneau. — Passion partagée.

Fourrage. — Succès professionnels.

Fourrure. — Dépenses exagérées.

Fraises. — *Vues*, jeux innocents ; *mangées*, profit inespéré.

Framboises. — Bonnes nouvelles.

Franc-maçon. — Bienfaisance.

Frapper. — Victoire.

Frayeur. — Superstition.

Frère. — Jalousie.

Fricassée. — Commérages de femmes.

Frimas. — Réussite.

Friture. — Embûches féminines.

FROID. — Santé florissante.

FROMAGE. — *Vu*, chagrin ; *mangé*, sobriété.

FRUITS. — *Vus*, félicité ; *mangés*, plaisir suivi de peine.

FUITE. — Vous n'échapperez pas au danger qui vous menace.

FUMÉE. — Fausse gloire.

FUMER. — *Une pipe*, médiocrité ; *un cigare*, plaisirs éphémères ; *une cigarette*, frivolité ; *la terre*, prospérité.

FUMIER. — Abondance ; *si l'on s'y couche*, déshonneur.

FUNÉRAILLE. — *Riches*, honte ; *indigentes*, réussite très prochaine.

FURIE. — Très mauvais présage.

FUSEAU. — Prenez courage.

FUSÉE. — Accident inévitable ; *que l'on tire soi-même*, victoire éphémère.

FUSIL. — Malheur domestique ; *tirer un coup de fusil*, satisfaction trompeuse.

FUTAIE. — Opulence.

FUTAILLE. — *Vide*, prospérité ; *pleine*, prêt à gros intérêt.

G

GAGE. — Emprunt d'argent.

GAGEURE. — Incertitude.

GAIN — Héritage.

GAINE. — Argent bien placé.

GAITÉ. — Fautes commises.

GALANTERIE. — *Pour un homme*, santé; *pour une femme*, inconstance.

GALE. — Mort d'un proche parent.

GALERIE. — Fortune acquise dans le commerce.

GALÉRIEN. — Audace; *qui s'évade*, malheur.

GALET. — Maladie.

GALETTE. — *Que l'on prépare*, travail récompensé; *que l'on mange*, indisposition.

GALON. — Orgueil ruineux.

GALOP. — Folie.

GANGRÈNE. — Mort d'un ami.

GANTS. — *Neufs*, bonheur; *vieux*, contrariétés; *aux mains*, honneurs; *par terre*, insulte.

GARÇON. — Succès.

GARDE. — *Garde-champêtre*, poursuite judiciaire; *garde-malade*, domestique infidèle; *garde-robe*, profits; *garde-manger*, festins; *garde-feu*, prudence; *monter la garde*, fatigue; *appeler la garde*, confiance; *voir passer la garde*, perte peu importante.

GARENNE. — Grandes richesses.

GARNISON. — Bon présage, surtout pour un militaire.

GASCONNADE. — On vous jouera un tour.

GATEAU. — Contentement.

GAUFRES. — *Que l'on prépare*, réconciliation; *que l'on mange*, bonheur domestique.

GAULE. — Bénéfices.

GAZ. — *Allumé*, succès; *éteint*, honte; *fuite de gaz*, mort prochaine.

GAZE. — Rendez-vous nocturne.

GAZON. — Gain.

GÉANT, GÉANTE. — Triomphe certain.

GELÉE. — Maladie incurable.

GENDARME. — Sécurité.

GENDRE. — Mariage d'un ami.

GÉNÉRAL. — Dignités.

GÉNÉROSITÉ. — Vous avez l'estime d'autrui.

GENIÈVRE. — Amertume.

GEOLIER. — (*Etre*), surveillance intime; *voir un geôlier*, emprisonnement.

GIBECIÈRE. — Enlèvement de femme.

GIBIER. — Dépenses inutiles.

GIGOT. — Banquet d'amis qui finit mal.

GIROFLÉE. — Souvenirs de jeunesse.

GIROUETTE. — Esprit inconstant.

GIVRE. — Nonchalance répréhensible.

GLACE. — (*Eau gelée*), maladie de langueur; *miroir*, galanterie; (*entremets*), richesse.

GLACIÈRE. — Plaisirs malsains.

GLADIATEUR. — Angoisses.

GLANDS. — *Que l'on voit*, probité; *que l'on mange*, élévation et fortune.

GLISSADE. — Vos enfants courent des dangers.

GLOIRE. — Infortune.

GLU. — Escroquerie.

GOBELET. — Piège tendu.

GORGE. — Débauche; *mal à la gorge*, enfantement; *couper la gorge*, tort involontairement causé.

GOURMANDISE. — Dissipation; (*friandise*), tentation.

GOUTTE. — Santé.

GOUVERNANTE. — Soins du ménage.

GOUVERNEUR. — Récompense accordée à de bons services.

GRACE. — *Obtenue*, attendez-vous à une bonne fortune.

GRAINS. — Abondance.

GRAISSE. — Amour.

GRANDEUR. — Revers commerciaux.

GRAND'MÈRE. — Considération.

GRAND-PÈRE. — Affection.

GRANGE. — *Pleine*, mort; *vide*, procès perdu.

GRAVEUR. — Vous avez l'estime d'autrui.

GRAVURE. — Action éclatante.

GRÊLE. — Perte dans les affaires.

GRENADE. — Vous êtes blasé avant l'âge.

GRENADIER. — Patriotisme ardent.

GRENIER. — Modeste aisance.

GRIL. — Maladie de foie.

GRILLE. — Liberté d'un captif.

GRILLON. — Bavardage.

GRIMACE. — Mensonge préjudiciable.

GRIMOIRE. — Superstition.

GRIMPER. — Vos démarches réussiront.

GROSEILLES. — *Blanches*, joie; *rouges*, fidélité.

GROSSESSE. — Joies maternelles.

GROTTE. — Soyez plus discret.

GUÉ. — Péril; *passé*, dangers évités.

GUENILLES. — Richesse prochaine.

GUÊPES. — *Vues*, prospérité; *qui bourdonnent*, médisances; *que l'on tue*, succès; *par qui l'on est piqué*, affliction.

GUERRE. — Egoïsme.

GUERRIERS. — Dissolution d'une société.

GUEUX. — *L'être*, aisance ; *en voir*, un ennemi vous guette.

GUI. — Superstition.

GUICHET. — Prisonnier délivré.

GUILLOTINE. — Sinistre.

GUINGUETTE. — Divorce.

GUIRLANDE. — Hommages.

GUITARE. — Faveurs amoureuses.

GYMNASE. — Plaisirs honnêtes.

GYMNASTIQUE. — Bonne santé et longue vie.

H

HABIT. — *Neuf*, bonne santé ; *vieux*, contrariétés ; *marchand d'habits*, détresse.

HACHE. — Accident grave.

HAIE. — Obstacle dont vous triompherez aisément.

HAILLONS. — Présage de richesse.

HAINE. — *Ressentie*, succès ; *dont on est l'objet*, dignités.

HALEINE. — *Bonne*, faveur ; *mauvaise*, disgrâce.

HALLE. — Profit ; *incendiée*, faillite.

HALLEBARDE. — Hostilité.

HAMAC. — Voyage lointain sur mer.

HAMEÇON. — Abus de confiance.

HANNETON. — On vous tend un piège.

HARENG. — Habitudes vicieuses.

HARICOTS. — *Blancs*, grandes peines ; *rouges*, prospérité ; *verts*, conduite coupable.

HARPE. — *Vue*, envie du bonheur d'autrui : *dont on joue*, bonheur conjugal.

HÉMORRAGIE. — Haine implacable.

HERBE. — *Verte*, tracas; *sèche*, perte considérable dans le commerce.

HÉRISSON. — Infortune prochaine.

HÉRITAGE. — Vous en aurez un ; *dont on est frustré*, ruine.

HERSE. — Travail récompensé.

HEURE. — Présage favorable.

HIBOU. — Deuil prochain.

HIRONDELLE. — Voyage prochain.

HIVER. — *Doux*, crainte sans fondement ; *rigoureux*, souffrances ; *long*, prospérité ; *court*, pertes ; *pluvieux*, maux de tête.

HOMICIDE. — *L'être*, sécurité ; *en voir un*, tracas.

HOMME. — *Grand*, jalousie ; *petit*, conquête, *blond*, fatuité ; *brun*, faux ami ; *vêtu de blanc*, biens à venir ; *vêtu de noir*, perte considérable.

HOPITAL. — *Plein*, épidémie prochaine ; *vide*, état sanitaire satisfaisant.

HORLOGE. — Ruine.

HORLOGER. — La chance va vous revenir.

HOROSCOPE. — Fatalité.

HOSTIE. — Sentiments religieux.

HOTEL. — Vie aventureuse.

HUCHE. — *Pleine*, abondance ; *vide*, misère.

HUILE. — Déshonneur de famille.

HUISSIER. — Vol dont vous serez victime.

HUITRES. — Amitié ; *que l'on mange*, banquet.

HURE. — Dépense inutile ; *que l'on mange*, vive contrariété.

HUSSARD. — Nouvelles d'un soldat.

HYDRE. — Femme infidèle.

HYDROPISIE. — Grossesse.

HYMNE. — Sentiments religieux.

HYPOCRISIE. — Défiez-vous de vos amis.

I

IDOLATRE (ÊTRE.) — Votre entêtement vous occasionnera de graves préjudices.

IF. — Présage de mort.

IGNORANCE. — Malheur.

ILE. — Solitude.

ILLUMINATION. — Réjouissances de famille.

IMAGE. — Amitié.

IMPRIMERIE. — Education négligée.

INCENDIE. — Adversité; *si vous l'éteignez*, héritage.

INCESTE. — Progrès artistiques.

INCONSTANCE. — Réussite en amour.

INCRÉDULITÉ. — Soyez plus prudent.

INDIFFÉRENCE. — Mariage manqué.

INDIGENCE. — Tristesse.

INDIGESTION. — Mœurs dissolues.

INFAMIE. — Perte d'emploi.

INFANTICIDE. — Cruauté.

INFIDÉLITÉ. — Réputation perdue.

INFIRME. — *Etre*, privations; *voir un infirme*, jalousie.

INFIRMERIE. — Tristesse.

INFIRMITÉ. — Suicide.

INGRATITUDE. — Affliction.

INJURE. — *Reçue*, votre obligeance est excessive; *faite à autrui*, bienfait méconnu.

INJUSTICE. — Manque d'indulgence.

INNOCENCE. — Regrets superflus.

INONDATION. — Grave incident.

INQUIÉTUDE. — Regrets prochains.

INSENSIBILITÉ. — Sécheresse de cœur.

INSOUCIANCE. — Ruine.

INSPECTION. — Bonne conduite.

INSTITUTEUR, INSTITUTION. — Ennui.

INSTRUMENT DE MUSIQUE. — Convalescence.

INTERDICTION. — Liberté d'action entravée.

INTÉRÊTS. — Tendances à l'usure.

INTERPRÈTE. — Tenez compte des avis que l'on vous donne.

INTESTINS. — Querelle de famille.

INTRÉPIDITÉ. — Bon augure, surtout pour un militaire.

INVALIDE. — Vieillesse tranquille.

INVENTAIRE. — Avarice.

INVENTION. — Vanité exagérée.

IRONIE. — Ennemis puissants.

ITALIEN. — Jalousie.

IVOIRE. — Beauté.

IVRAIE. — Projets réalisés.

IVRE. — *Etre*, accroissement de fortune ; *voir un homme ivre*, réussite commerciale ; *voir une femme ivre*, indisposition.

J

JABOT. — Gloriole.

JACINTHE. — Vous êtes trop confiant.

JALOUSIE. — Ingratitude.

JAMBE. — Richesse ; *coupée*, santé ; *de bois*, impuissance.

JARDIN. — Naissance prochaine.

JARDINIER. — Affaires prospères.

JARRETIÈRES. — Intimité ; *enlever les jarretières d'une mariée*, déception.

JASMIN. — Droiture.

JET D'EAU. — Quiétude de l'âme.

JETER. — (*Quelque chose*), soyez moins crédule.

JEU. — *De cartes*, ruine ; *de boules*, changement de position ; *de dominos*, intrigues ; *de l'oie*, héritage ; *jeux innocents*, union domestique ; *jeux d'enfants*, paix du cœur.

JEUNE. — Devoirs non remplis.

JEUNESSE. — Curiosité punie.

JOUE. — Candeur.

JOUER. — *Pendant la nuit*, dissipation ; *à un jeu de hasard*, mauvais présage.

JOUET. — Niaiserie.

JOURNAL. — Instruction.

JOUTE. — Paresse.

JUGE — Malice.

JUIF, JUIVE. — Apparences trompeuses ; *Juif-errant*, projet de voyage.

JUMEAUX. — Maladie d'enfant.

JUMENT. — Mariage prochain.

JUPON. — *Blanc*, coquetterie ; *de couleur*, modestie ; *long*, bonne réputation ; *court*, honte.

JURON. — Caractère brusque à l'excès.

JURY. — Honneur.

JUS. — Remords.

JUSTICE. — Droiture ; *repris de justice*, mauvaises mœurs.

K

KANGUROO. — Tendresse familiale.
KIOSQUE. — Amourettes.
KNOUT. — Châtiment corporel.

L

LABORATOIRE. — Vous avez de nombreux amis.
LABOURER. — Bénéfices ; *voir labourer*, nombreuse famille.
LABOUREUR. — Abondance.
LABYRINTHE. — Secret trahi.
LACET. — Discrétion.
LACHETÉ. — Affront.
LAINE. — Famille unie.
LAIT. — Fécondité ; *si on le boit*, frugalité.
LAITUE. — Maladie cérébrale ; *si on en mange*, soupçons.
LAME. — Décision prise irrévocablement.
LAMPE. — *Allumée*, transport d'amour ; *éteinte*, ingratitude.
LAMPION. — Joie honnête.
LANGUE. — Finesse.
LANGUEUR. — Insouciance funeste.
LANSQUENET. — Querelles domestiques.
LANTERNE. — *Allumée*, indécision ; *éteinte*, dispute ; *sourde*, projets déshonnêtes.
LAPIN. — *Blanc*, succès ; *noir*, revers ; *que l'on mange*, santé.
LARD. — *Frais*, victoire ; *rance*, adversité ; *fumé*, affliction ; *que l'on mange*, impuissance de vos ennemis.

LARMES. — Gaîté.

LASCIVITÉ. — Mépris public.

LASSITUDE. — Heureuses entreprises.

LATIN. — Soyez discret.

LATRINES. — Considération; *si on les nettoie*, honte.

LAURIER. — La gloire vous attend.

LAVANDE. — Estime d'autrui.

LAVEMENT. — *Pris*, ambition déçue; *donné*, dévouement.

LAVER. — Innocence reconnue.

LAVOIR. — Souffrances morales.

LAYETTE. — Bonheur paternel ou maternel.

LEÇON. — *Donnée* présomption; *reçue*, humilité.

LÉGUMES. — Querelles de famille.

LENTILLES. — Astuce.

LESSIVE. — Conscience tranquille.

LETTRE. — *Que l'on écrit*, besoin pressant; *que l'on reçoit*, heureuse issue d'une affaire.

LEVAIN. — Caractère irascible.

LEVER. — Paresse; *du soleil*, bassesse; *de la lune*, bonnes fortunes.

LÈVRES. — *Minces*, méchanceté; *épaisses*, bonté; *roses*, santé; *pâles*, maladie.

LÉZARD. — Amitié sincère.

LICOU. — Suivez les conseils que l'on vous donne.

LIE. — Plaisirs dangereux pour la santé.

LIERRE. — Ingratitude.

LIÈVRE. — Billets protestés.

LILAS. — Inconséquences.

LIMACE. — Couardise.

LIME. — Impuissance de vos ennemis.

LIMONADE. — Entreprises sûres.

LIN. — Fraîcheur.

LINCEUL. — Présage de mort.

LINGE. — *Propre*, héritage; *sale*, maladie grave.

LION. — *Que l'on voit*, protection; *que l'on tue*, lutte contre un ennemi puissant.

LIQUEUR. — Douceur de caractère.

LIQUIDATION. — Affaires prospères.

LIRE. — Complétez votre instruction.

LIS. — Innocence.

LIT. — *Bien fait*, ordre; *mal fait*, désordre; *lit nuptial*, bonheur de longue durée.

LIVRE. — Sagesse.

LIVRET. — Sécurité.

LOGEMENT. — *Grand*, présage de misère; *petit*, héritage important.

LOTERIE. — Indigence.

LOUANGES. — *Reçues*, affection; *données*, santé.

LOUP. — Un de vos amis vous trompe; *si on le tue*, incontinence.

LOYER. — *Payé*, générosité; *impayé*, mauvais présage.

LUMIÈRE. — Sagesse; *si on l'éteint*, aveuglement.

LUNE. — *Brillante*, amitié féminine; *obscure*, maladie d'une amie; *ensanglantée*, pèlerinage.

LUNETTES. — Mélancolie.

LUSTRE. — *Allumé*, mariage; *éteint*, divorce.

LUTRIN. — Dévergondage.

LUZERNE. — Goûts champêtres.

LYRE. — Goûts artistiques.

M

MACARON. — Aisance.

MACARONI. — Macaroni.

MACHINE. — *En mouvement*, activité industrielle; *en repos*, perte de temps.

MACHOIRE. — Un de vos amis héritera prochainement.

MAÇON. — Fatigue.

MAÇONNERIE. — Ruine prochaine.

MAGICIEN. — Evénements imprévus.

MAGISTRAT. — Malice.

MAGNÉTISME. — Curiosité.

MAIN. — *Grande*, générosité; *petite*, avarice; *blanche*, perte; *mal soignée*, profit.

MAIRE. — (*Etre*), paix conjugale; *en voir un*, mariage prochain.

MAÏS. — *Vu*, prudence; *cultivé*, patience; *mangé*, joie.

MAISON. — *Vue*, prospérité; *achetée*, bénéfice; *vendue*, perte considérable.

MAÎTRE. — Dignités; *maître d'armes*, querelle; *maître d'hôtel*, richesse.

MAÎTRESSE. — Bonheur en amour.

MALADIE. — Peine de peu de durée; *maladie secrète*, fortune acquise par des moyens honteux.

MALÉFICE. — Soyez prudent en affaires.

MALLE. — Départ.

MANCHETTES. — Honneurs.

MANCHON. — Dureté de cœur.

MANCHOT. — Escroquerie.

MANGER. — *De la viande*, maladie prochaine; *du pain*, santé; *des légumes*, duperie; *des fruits*, plaisir.

MANNEQUIN. — Incapacité.

MANSARDE. — Amourettes.

MANTEAU. — *D'homme*, charité; *de femme*, amour.

MANUFACTURE. — Fortune.

MANUSCRIT. — Espoir.

MAQUEREAU. — Services intéressés.

MARAIS. — Maladie épidémique.

MARBRE. — *Blanc*, richesse; *noir*, présage de mort; *taillé*, désordre.

MARCHÉ. — Bénéfice.

MARCHER. — *Vite*, affaire pressante; *lentement*, souffrances; *avec des béquilles*, présage d'accident.

MARÉCHAL. — *(L'être)*, dignités; *en voir un*, tristesse.

MARGUERITES. — Amourettes.

MARI. — Heureux présage.

MARIAGE. — *Vu*, douleur; *contracté*, ennui.

MARIN. — *(L'être)*, longue maladie; *en voir un*, vous serez trahi par un de vos amis.

MARIONNETTES. — Faiblesse de caractère.

MARMELADE. — Bonheur inattendu.

MARMITE. — *Pleine*, aisance; *vide*, labeur infructueux.

MARMITON. — *(L'être)*, fortune compromise; *en voir un*, gaîté.

MARMOTTE. — Patience dans l'adversité.

MARNE. — Bien-être.

MARRAINE. — Protection inutile.

MARRONS. — *Crus*, espoir ; *cuits*, réunion d'amis.

MARTEAU. — Mauvais présage.

MARTYR, MARTYRE. — Considération.

MASCARADE. — Folie.

MASQUE. — Hypocrisie.

MATELAS. — *Neuf*, joie domestique ; *vieux*, maladie.

MATELOTE. — *Que l'on prépare*, diminution d'affection ; *que l'on mange*, commerce florissant.

MAUSOLÉE. — Fidélité.

MAUVE. — Restitution d'un héritage spolié.

MÉCHANCETÉ. — Abus de confiance.

MÈCHE. — Inconduite nocturne.

MÉDAILLE. — Amour partagé.

MÉDAILLON. — Affectueux souvenir.

MÉDECIN. — Présage de mort.

MÉDECINE. — Voyez *Drogues*.

MÉDISANCE. — Ennemis impuissants.

MELON. — *Acheté*, bénéfice ; *mangé*, succès certain.

MÉMOIRE. — *(La)*, souvenirs amis ; *(un)*, pertes d'argent ; *perdre la mémoire*, affaires embarrassées ; *payer un mémoire*, pauvreté.

MÉNAGE. — Jalousie.

MENDIANT. — Humiliation.

MÉNÉTRIER. — Joie.

MENOTTES (AVOIR LES). — Emprisonnement d'un parent.

MENSONGE. — Trahison d'un ami.

MENUISERIE. — Ordre.

MENUISIER. — Bon ménage.

MER. — *Calme,* prospérité ; *agitée,* danger imminent ; *tomber à la mer,* maladie.

MERCERIE. — Discussions.

MERCIER. — Intrigues.

MÈRE. — Bonheur parfait.

MÉRINOS. — Heureuse vieillesse.

MERLANS. — *Dans l'eau,* gains ; *frits,* pertes ; *que l'on mange,* convalescence.

MERLE. — Médisance.

MÉSANGE. — Héritage.

MESSAGER. — Surprise agréable.

MESSE. — Repentir.

MEUBLES. — *Riches,* succès ; *pauvres,* obstacles.

MEULE. — *De blé ou de foin,* prospérité ; *de moulin,* aisance ; *de rémouleur,* présage de mort.

MEUNIER, MEUNIÈRE. — Soyez plus courageux.

MIDI. — Les rêves qui ont lieu à midi sont tous vides de sens.

MIE DE PAIN. — Mauvaises affaires.

MIEL. — Escroquerie ; *si on le mange,* heureuse entreprise.

MIGRAINE. — Fatigues mondaines.

MILLE-FEUILLE. — Deuil de famille.

MILLIONNAIRE. — (*L'être*), épargnes ; *en voir un,* convoitise.

MINE. — Aisance ; *où l'on descend,* chute dangereuse ; *d'où l'on remonte,* espérance.

MINISTRE. — (*L'être*), mauvaises nouvelles ;

en voir un, protection ; *lui parler*, temps perdu.

MIROIR. — Galanterie ; *dans lequel on se regarde*, mauvais conseils.

MITAINES. — Maladie prochaine.

MITRAILLE. — Présage de mort violente.

MODE. — Fatuité.

MODESTIE. — Orgueil.

MOISSON. — Commerce prospère.

MOISSONNEUR. — Réussite.

MOLLET. — Luxure.

MONNAIE. — *D'or*, peine ; *d'argent*, profit ; *de billon*, fortune considérable.

MONSTRE. — Catastrophe prochaine.

MOQUERIE. — Mélancolie.

MORALE. — Richesse.

MORSURE. — Jalousie.

MORT. — *D'un homme*, héritage ; *d'une femme*, infidélité ; *d'un enfant*, naissance.

MORUE. — Ignorance ; *que l'on mange*, sobriété.

MOSAÏQUE. — Luxe inutile.

MOSQUÉE. — Superstition.

MOUCHES. — Envie.

MOUCHETTES. — Spéculations hasardeuses.

MOUDRE. — Richesse.

MOULES. — Déception ; *que l'on mange*, fatuité.

MOULIN. — *En marche*, bonheur ; *au repos*, tristesse ; *moulin à vent*, espoir ; *moulin à eau*, voyage lointain.

MOUSSE. — (*Herbe*), plaisirs champêtres ;

écume, rage impuissante; *matelot*, voyage sur mer.

MOUSTACHES. — *Longues*, prospérité; *courtes*, querelles.

MOUTON. — Douceur de caractère.

MUET. — (*L'être*), secrets révélés; *voir un muet*, maladie prochaine.

MULET. — Entêtement.

MURAILLE. — Mettez un frein à vos passions.

MURE, MURIER. — Mauvais ménage; *que l'on mange*, chagrins.

MUSETTE. — Plaisirs innocents.

MUSIQUE. — *Que l'on entend*, joie; *que l'on fait soi-même*, bonne renommée.

MYRTE. — Estime d'autrui.

MYSTÈRE. — Plaisirs dangereux.

N

NAGER. — Santé; *voir nager*, prospérité.

NAIN, NAINE. — Ennemis impuissants.

NAISSANCE. — Heureux présage.

NAPPE. — Ordre; *que l'on met*, festin; *que l'on enlève*, danger.

NATTE. — *Tapis*, ennui; *natte de cheveux*, souvenir chèrement gardé.

NAUFRAGE. — *Vu*, soyez plus obligeant pour vos amis; *éprouvé*, funeste présage.

NAVET. — Inconstance; *que l'on mange*, maladie.

NAVIRE. — Voir *Vaisseau*.

NÈFLES, NÉFLIER. — Honneurs.

NÉGLIGENCE. — Embarras d'argent.

NÈGRE. — Sagesse.

NEIGE. — Cœur pur.

NÉNUPHAR. — Amour illicite.

NERFS (AVOIR MAL AUX). — Querelle.

NETTOYAGE. — Prospérité due à l'économie.

NEVEU. — Amis sincères.

NEZ. — *Grand*, inconstance ; *petit*, espièglerie ; *rouge*, ivrognerie.

NID. — Soucis.

NIÈCE. — Heureuse vieillesse.

NŒUD. — Divorce.

NOISETTES. — Economie ; *en cueillir*, considération perdue ; *en manger*, protection.

NOIX. — Pertes.

NOMBRIL. — Maladie prochaine,

NOTAIRE. — Héritage.

NOURRICE. — Mort d'enfant.

NOUVELLES. — *Bonnes*, malheur ; *mauvaises*, estime.

NOYÉ. — Heureux présage.

NOYER (SE). — Bénéfices.

NOYER. — (*Arbre*), prospérité.

NUAGES. — Chagrins domestiques.

NUDITÉ. — *Personnelle*, mauvaise réputation ; *d'autrui*, escroquerie découverte.

NUIT. — Tristesse.

O

OBÉLISQUE. — Courage.

OBSCURITÉ. — Vous manquez de circonspection.

OCULISTE. — Faute non avouée.

ODEURS. — Fatuité.

ŒIL. — Tendresse; *œil-de-bœuf*, médisance.

ŒUF. — *Frais*, bonne nouvelle; *dur*, mauvais conseils; *couvé*, querelle; *cassé*, chagrin.

OFFRANDE. — Piété.

OIE. — Sécurité; *que l'on mange*, compliments.

OIGNON. — Dégoût.

OLIVE. — Amitié fraternelle.

OLIVIER. — Prospérité.

OMBRE. — Talents ignorés.

OMELETTE. — Brouille sans durée.

ONCLE. — Affection familiale.

ONGLES. — *Longs*, bénéfices; *courts*, pertes; *qui tombent*, maladie prochaine; *que l'on coupe*, querelles; *que l'on arrache*, affliction.

ONGUENT. — Convalescence.

OPÉRA. — Allégresse.

OR. — Folie.

ORACLE. — Prudence.

ORAGE. — Danger.

ORANGE. — Mariage; *que l'on mange*, divorce.

ORANGER. — *En fleurs*, contentement; *sans fleurs*, ennuis.

ORDURES. — Opprobre.

OREILLE. — Sécurité.

ORGE. — Joie.

ORGIE. — Mœurs déréglées.

ORGUE. — Paix du cœur; *en jouer*, mort d'un parent; *en entendre jouer*, joie.

ORGUEIL. — Animosité.

ORNEMENT. — Frivolité.

ORPHELIN. — Protection ; *que l'on adopte*, esprit sain.

ORTIES. — Trahison; *en être piqué*, châtiment mérité.

Os. — Présage de mort.

OSEILLE. — Sécurité.

OSIER. — Flatterie.

OUBLIETTES. — Perte de parents.

OURS. — *Que l'on voit*, ennemi puissant; *que l'on tue*, victoire; *qui vous attaque*, persécution.

OUTIL. — Sagesse.

OUVRIER. — Prenez courage.

P

PACOTILLE. — Petits profits.

PAILLASSE. — Inconduite; *sur laquelle on est couché*, profonde misère.

PAILLASSON. — Honnêteté.

PAILLE. — Abondance; *si l'on y est couché*, indigence.

PAIN. — *Blanc*, profit; *noir*, pauvreté; *d'orge*, richesse.

PAIX. — Tranquillité d'esprit.

PALAIS. — *Que l'on voit*, paiements suspendus ; *que l'on possède*, bonheur éphémère.

PALMIER. — Récompense méritée.

PALPITATIONS. — Maladie prochaine.

PANACHE. — Infidélité conjugale.

PANIER. — Economie.

PANTALON. — *Neuf*, pauvreté; *vieux*, mauvaise conduite; *mis à l'envers*, infidélité.

8.

PAON. — Fierté mal placée.

PAPE. — Estime d'autrui.

PAPIER. — *En général*, souvenirs; *à lettres*, nouvelles; *timbré*, menace de procès.

PAPILLON. — Légèreté de caractère.

PAPILLOTES. — Succès amoureux.

PAQUET. — Présage de voyage.

PARADIS. — Bonheur.

PARALYTIQUE. — Menace d'accident.

PARAPET. — Suicide.

PARC. — Orgueil; *si l'on s'y promène*, santé; *si on en est propriétaire*, fortune.

PARENTS. — Heureux présage.

PARI. — Incertitude.

PARRAIN. — Protection inutile.

PASSEPORT. — Voyage prochain.

PATÉ. — Profits.

PATROUILLE. — Surveillance active.

PAUME. — *De la main*, soucis; *jouer à la paume*, pertes; *y voir jouer*, ennuis.

PAUVRETÉ. — Tristesse.

PAVÉ. — Prochain voyage dont l'issue sera heureuse.

PAYER. — Considération.

PAYSAGE. — Agréables nouvelles.

PAYSAN. — Soyez plus courageux.

PEAU. — *Blanche*, confiance; *noire*, ingratitude.

PÊCHER. — (*Arbre*); *en fleurs*, joie; *chargé de fruits*, fortune; *sans fleurs ni fruits*, tristesse.

PÊCHER. — (*A la ligne*), affliction; *du filet*, succès.

PÊCHEUR. — Confiance méritée.

PEIGNE. — Embarras commerciaux.

PÈLERINAGE. — Excès de crédulité.

PELLE. — Travail fructueux.

PENDU. — (*L'être*), ruine ; *voir un pendu*, trahison.

PENDULE. — Négligence.

PÉNITENCE. — Bénéfices prochains.

PERDRIX. — *Vue*, amour ; *que l'on tue*, deuil ; *que l'on mange*, héritage perdu.

PÈRE. — Heureux présage.

PERLES. — Richesse.

PERROQUET. — Bavardages sans suite.

PERRUQUE. — Vieillesse prématurée.

PERSIL. — Esprit vif.

PESTE. — Misère prochaine.

PÉTARD. — Soyez moins bruyant.

PEUPLIER. — Elévation prochaine.

PEUR — Soignez-vous davantage.

PHÉNOMÈNE. — Plaisirs dangereux.

PHILOSOPHE. — Suivez les conseils.

PHOSPHORE. — Une invention fera votre fortune.

PHTISIE. — Mort lente.

PHYSICIEN. — Roueries dévoilées.

PIANO. — Goûts artistiques.

PIE. — Cancans.

PIÉDESTAL. — Elévation subite.

PIEDS. — *Propres*, bonne santé ; *sales*, maladie honteuse.

PIÈGE. — Embûches.

PIERRE. — Malheur ; *que l'on jette*, victoire.

PIGEON. — Message d'amour.

PIPE. — Mauvaises habitudes.

PIQUER. — Ménage malheureux.

PIQUETTE. — Goûts peu élevés.

PIQURE. — Indisposition.

PIROUETTE. — Bonne santé.

PISTACHES. — Secret livré.

PISTOLET. — Vous vous battrez en duel avec un de vos meilleurs amis.

PITIÉ. — Caractère insensible.

PLAGE. — Retour à la santé.

PLAIDOIRIE. — Brouille entre associés.

PLAINE. — Brillant mariage.

PLAISIR. — Bonté.

PLANÈTE. — Soyez plus sérieux.

PLEURER. — Vos chagrins vont finir.

PLOMB. — Guerre.

PLUIE. — *Légère*, profit ; *torrentielle*, pertes.

PLUME. — *Blanche*, satisfaction ; *noire*, embarras ; *de couleur*, adversité.

POÊLE. — (*Appareil de chauffage*), mort certaine ; *ustensile de cuisine*, mœurs dissolues.

POÉSIE. — Vous préférez l'agrément à l'utilité.

POIDS. — Légèreté de caractère.

POIGNARD. — Guet-apens.

POING. — Rixe.

POIRE. — Douceur ; *que l'on mange*, joie.

POIRÉE. — Procès ruineux.

POIRIER. — *Sans poires*, tristesse ; *chargé de poires*, bonheur conjugal.

POIS. — Mariage prochain.

POISON. — Présage de mort.

POISSON. — Abondance.

POITRINE. — Fausses espérances.

POIVRE. — Grave maladie.

POLISSONNERIE. — Mauvaises affaires.

POLITESSE. — Satisfaction.

POMMADE. — Votre coquetterie vous nuira.

POMME. — *Verte*, mépris; *mûre*, espoir; *que l'on cueille*, rivalité; *que l'on mange*, amour illicite.

POMMIER. — *Sans pommes*, ruine; *couvert de pommes*, prospérité.

PONT. — Danger; *que l'on passe*, victoire; *qui s'écroule*, maladie.

PORTE. — *D'une chambre*, bonheur conjugal; *d'une maison*, paix domestique; *d'une prison*, chagrin; *d'un jardin*, plaisir éphémère; *si la porte est brisée*, pertes d'argent.

PORTRAIT. — Souvenir.

POTENCE. — Complots.

POUDRE. — Affaires embrouillées.

POULE, POULET. — Fécondité; *si l'on en mange*, naissance prochaine.

POUMON. — Santé compromise.

POUPÉE. — Enfantillage.

POURPRE. — Orgueil.

POUX. — Abondance de biens.

PRAIRIE. — Plaisirs innocents.

PRÉDICATEUR. — Suivez les conseils que l'on vous donne.

PRÉLAT. — Protection d'un personnage influent.

PRÊTRE. — Protecteur désintéressé.

PRIÈRE. — Ferveur.

PRINCE. — Vos succès feront votre perte.

PRINCESSE. — Bonheur éphémère.

PRISON. — Méchanceté ; *où l'on est*, bonheur.

PRISONNIER. — Péril imminent.

PROCÈS. — Amitié rompue.

PROCESSION. — Bonheur durable.

PROMENADE. — *Solitaire*, tranquillité d'esprit ; *avec un homme*, dispute ; *avec une femme*, intrigue amoureuse.

PROPRIÉTAIRE. — Orgueil ; (*l'être*), envie coupable.

PROPRIÉTÉ. — Abondance de biens.

PRUDENCE. — Vous en manquez.

PRUNES. — *Vertes*, peines ; *sèches*, amour trahi ; *si on en mange*, tromperies.

PUANTEUR. — Mépris d'autrui.

PUCE. — Ennemis actifs.

PUDEUR. — Heureux présage.

PUITS. — Réussite.

PUNAISE. — Même sens que *Puce*.

PUPITRE. — *Neuf*, désir de s'instruire ; *vieux*, vieillesse prématurée.

PURÉE. — Vous serez victime d'une intrigue.

PURGATION. — Retour à la santé.

PYRAMIDE. — *Debout*, vieillesse heureuse ; *renversée*, ruine prochaine.

Q

QUAI. — Abandon.

QUENOUILLE. — Simplicité d'habitudes ; *si la quenouille est brisée*, paresse.

QUERELLE. — *D'hommes*, jalousie ; *de femmes*, médisance ; *entre mari et femme*, naissance prochaine ; *d'enfants*, joie.

QUESTION. — *Que l'on pose*, indiscrétion ; *à laquelle on répond*, soupçons.

QUÊTE. — Importunité.

QUEUE. — Abandon.

QUILLES. — Disgrâce ; *si l'on y joue*, pertes d'argent ; *renversées*, argent volé.

QUINCAILLERIE, QUINCAILLIER. — **Fausse accusation.**

QUINCONCE. — Flânerie.

QUINQUET. — *Allumé*, affection ; *éteint*, antipathie.

QUINQUINA. — Revers de fortune.

QUITTANCE. — *Que l'on présente*, prochaine rentrée d'argent ; *que l'on paye*, **prochaine perte** d'argent.

R

RABAIS. — Gain commercial.

RABAT. — Bonnes nouvelles.

RABOT. — Industrie prospère.

RACINE. — Désordre.

RADIS. — Egalité d'humeur.

RADOTAGE. — Intrigue.

RAGE. — Duplicité.

RAGOUT. — Tendresse conjugale.

RAIE. — (*Poisson*), flatterie ; *que l'on mange*, bonne santé.

RAISIN. — *Blanc*, distractions ; *noir*, reproches ; *sec*, soucis ; *manger du raisin*, bonne santé.

RALE. — Longue vie.

RAMER, RAMEUR. — Ingratitude.

Ramoner, Ramoneur. — Probité laborieuse.

Rape. — Usure.

Raquette. — Indécision.

Raser. — Service rendu ; *se raser*, perte de biens.

Rasoir. — Soyez moins défiant.

Rat. — Ennemi caché ; *rat de cave*, perte imprévue.

Rateau. — Bonnes habitudes.

Rayon de soleil. — Espoir fictif.

Recevoir. — *Quelqu'un*, dépenses ; *quelque chose* ; fortune mal acquise.

Récompense. — *Donnée*, bonnes affaires ; *reçue*, mauvaises affaires.

Réconciliaton. — Amertume dissipée.

Reconnaissance. — Bon cœur.

Récréation. — Mariage manqué.

Refus. — Maladie.

Régiment. — Discipline.

Registre. — Conduite réfléchie.

Reine. — Héritage.

Religieuse. — Passions endormies.

Religion. — Jalousie.

Relique. — Respect.

Remède. — Voyez *Drogues*.

Remise. — Vieillesse tranquille.

Rémouleur. — Opiniâtreté au travail.

Renard. — Duperie.

Rendez-vous. — *Donné à autrui*, promesse ; *reçu*, refus.

Rentes. — Infortune prochaine.

Repas. — *Solitaire*, pauvreté ; *pris en compagnie*, abondance.

REPASSER. — Economie insuffisante.

REPOSOIR. — Candeur.

REPROCHE. — *Fait,* sévérité excessive ; *reçu,* faux calcul.

RÉSERVOIR. — Sages économies.

RETARD. — Vous allez recevoir une lettre.

RETOUR. — Nouvelles d'un absent.

RÉVEILLON. — Prodigalités ruineuses.

RÉVÉLATION. — Manque de sagesse.

RÉVÉRENCE. — Heureux présage.

RÉVOLTE. — Querelle d'intérieur.

RHUME. — Accès de colère.

RICHESSE. — Présage de misère.

RIDE. — Dépit.

RIDEAU. — *Ouvert,* franchise ; *fermé,* dissimulation.

RIPAILLE. — Malheurs certains.

RIVAL. — Inconstance.

RIVIÈRE. — Amour ; *sur laquelle on navigue,* heureux voyage.

ROBE. — *Blanche,* innocence ; *noire,* deuil prochain ; *bleue,* amour ; *verte,* espérance ; *rose,* confidences.

ROCHER. — Fermeté de caractère ; *où l'on monte,* travail récompensé ; *d'où l'on descend,* embarras d'argent.

ROGNON. — Intimité coupable.

ROI. — Elévation.

ROMAN. — Frivolité.

RONCES. — Amour heureux.

ROSE. — *Rouge,* félicité conjugale ; *blanche,* candeur ; *dans un verre,* mariage prochain.

ROSÉE. — Bénédiction du ciel.

ROSETTE. — Coquetterie.

ROSIÈRE. — *Vue*, exemple à suivre; *l'être*, ostentation coupable.

ROSSIGNOL. — Amour de la poésie.

ROUE. — Fortune; *brisée*, revers.

ROUGE. — Femme coquette.

ROUGEOLE. — Inquiétude fondée.

RUBAN. — Coquetterie coupable.

RUCHE A MIEL. — Industrie.

RUE. — Vagabondage.

RUELLE. — Guet-apens.

RUINE. — *D'une bâtisse*, revers; *personnelle*, embarras momentanés.

RUISSEAU. — *Limpide*, emploi lucratif; *trouble*, perte d'emploi.

RUSE. — Craignez vos ennemis.

S

SABBAT. — Fatalisme.

SABLE. — Ruine prochaine.

SABOT. — *Chaussure*, modestie; *jouet*, ennuis domestiques.

SABRE. — Trahison.

SAC. — Économie.

SACRILÈGE. — Projets coupables.

SAGE-FEMME. — Fécondité.

SAIGNÉE. — Prodigalité.

SAIGNER. — Honte.

SAINDOUX. — Douceur de caractère.

SAINT, SAINTE. — Bons exemples à suivre.

SALADE. — Joie intime.

SALAISON. — Plaisir.

SALON. — Aide amicale.

SANG. — Douleur; *perdu*, regrets; *craché*, maladie; *tache de sang*, réussite.

SANGLIER. — *Vu*, ennemi acharné; *chassé*, péril; *tué*, victoire; *mangé*, maladie.

SANGSUE. — Usurier.

SANSONNET. — Plaisirs nuisibles.

SANTÉ. — *Bonne*, heureuse vieillesse; *mauvaise*, présage de fortune.

SAPIN. — Amour éternel.

SARDINE. — *Vue*, sobriété; *pêchée*, travail pénible; *mangée*, maladie.

SATIN. — Luxe extravagant.

SATIRE. — Mauvais caractère.

SATYRE. — Mœurs dissolues.

SAUCISSE, SAUCISSON. — Mauvaises fréquentations.

SAUTERELLE. — Inconduite féminine.

SAUVAGE. — Mauvaises pensées.

SAVANT. — Désir de s'instruire.

SAVATE. — Fatigues.

SAVETIER. — Pauvreté.

SAVON. — Fortune refaite.

SCANDALE. — Funeste événement.

SCEAU. — Ne trahissez pas les secrets d'autrui.

SCEPTRE. — Pauvreté.

SCIE. — Satisfaction.

SCIERIE. — Industrie prospère.

SCORPION. — Ennemis cachés.

SECRET. — *Gardé*, probité; *trahi*, déshonneur.

SECRÉTAIRE. — Ordre.

SÉDUCTEUR. — Blessure d'amour-propre.

SEIGLE. — Heureuse médiocrité.

SEIN. — Accouchement prochain.

SEL. — Esprit.

SEMAILLE. — Richesse.

SEMER. — Prévoyance.

SÉMINAIRE. — Amour du prochain.

SÉNAT. — Dignité.

SÉNATEUR. — Affaire négligées.

SENTINELLE. — Vigilance.

SÉRAIL. — Débauche.

SERINGUE. — Courte maladie.

SERMON. — Ennuis.

SERPENT. — Ennuis cachés.

SERRURE, SERRURIER. — Vol.

SERVANTE. — Dévouement.

SERVICE. — *Reçu*, dette *rendu*, devoir rempli.

SIFFLET. — Insulte.

SINGE. — Infidélité féminine.

SIROP. — Fortune compromise.

SŒUR. — Amour pur.

SOIE. — Opulence mensongère.

SOLDAT. — Amour de la patrie.

SOLEIL. — *Astre*, abondance de biens; *plante*, danger imminent.

SOMNAMBULE. — Savoir inconscient.

SOTTISE. — Mauvaise administration.

SOUFFLER. — Faux rapports.

SOUFFLET. — *Donné*, insulte; *reçu*, danger; *instrument*, calomnie.

SOUFRE. — Amour illégitime.

SOULIERS. — *Neufs*, bénéfices; *usés*, voyage.

SOUPE. — Heureux mariage ; *que l'on mange*, économies.

SOUPER. — Un danger vous menace.

SOUPIÈRE. — Confiance.

SOURCILS. — *Noirs*, dureté ; *blonds*, sensibilité.

SOURICIÈRE. — Emprisonnement de courte durée.

SOURIS. — Une femme cherche à vous nuire.

SOUS. — (*Pièces de monnaie*), chagrin ; *si on les compte*, misère prochaine.

SOUTERRAIN. — Abus de confiance.

SPATULE. — Maladie.

SPECTACLE. — Gaieté.

SPECTRE. — Vos frayeurs ne sont pas fondées.

SQUELETTE. — Maladie mentale.

STATUE. — Tristesse.

STYLET. — Amitié rompue.

SUCRE. — Situation menacée.

SUICIDE. — Malheur certain.

SUIE. — Incendie.

SUIF. — Secours inattendus.

SUISSE. — Fidélité.

SUPPLICE. — Estime d'autrui.

SURDITÉ. — Confiance absolue.

SYNAGOGUE. — Hypocrisie.

T

TABAC. — *A fumer*, présage d'empoisonnement ; *à priser*, maladie ; *à chiquer*, habitudes de saleté.

9.

TABATIÈRE. — *Pleine*, maladie mortelle ; *vide*, indisposition.

TABERNACLE. — Piété.

TABLE. — *Servie*, malheur ; *desservie*, bonheur ; *tables tournantes*, heureuse découverte.

TABLEAU. — Amour de la peinture.

TABLIER. — *Blanc*, succès ; *sale*, trahison féminine.

TABOURET. — Considération.

TACHE. — Mauvaise réputation.

TAFFETAS. — Opulence mensongère.

TAILLEUR. — Abus de confiance.

TAILLIS. — Bonheur champêtre.

TAMBOUR. — Forfanterie.

TANTE. — Heureux avenir.

TAPISSERIE. — Amour honnête.

TASSE. — *Pleine*, déceptions ; *vide*, aisance.

TAUPE. — Aveuglement.

TAUREAU. — Amour désordonné ; *taureaux qui se battent*, les femmes vous perdront.

TAVERNE. — Orgie.

TEIGNE. — Faux amis.

TEINTURE. — Fin d'une affaire en litige.

TÉLÉGRAPHE. — Nouvelles d'un ami habitant un pays lointain.

TÉLESCOPE. — Faux savant.

TÉMOIN. — Projets bienveillants pour vous ; *faux témoin*, projet inavouable.

TEMPÊTE. — Péril imminent.

TENAILLES. — Fâcheux entraînements.

TÉNÈBRES. — Ingratitude.

TENTURE. — Intrigues.

TERRASSE. — Voyage d'agrément.

Terre. — *Fertile*, épouse modèle ; *aride*, épouse insupportable.

Terrine. — Gourmandise.

Testament. — Prévoyance.

Tête. — *Belle*, humilité ; *laide*, orgueil ; *blanche*, vénération ; *de mort*, deuil.

Thé. — Dévouement.

Théatre. — Tentations malsaines.

Thermomètre. — Sentimentalisme.

Thon. — Lointain voyage sur mer.

Tigre. — Ennemi jaloux.

Tilleul. — Tempérance.

Toilette. — Grand danger.

Toit. — Spéculation dangereuse ; *d'où l'on tombe*, catastrophe inévitable.

Tombeau. — Deuil prochain.

Tomber. — *Si l'on se relève tout de suite*, honneur ; *dans le cas contraire*, malheur.

Tonneau. — Richesse.

Torrent. — Caractère irascible.

Tortue. — Sage lenteur.

Tour. — *Bâtisse*, captivité ; *outil*, travail récompensé ; *de force ou d'adresse*, bonnes nouvelles.

Tourterelle. — Union conjugale.

Toux. — Bavardage.

Tranchée. — Chagrins domestiques.

Travail. — Réussite complète.

Treille. — Abondance.

Tremblement. — *Nerveux*, maladie de longue durée ; *de terre*, mort.

Trompette. — Amour du bruit.

Tronc. — Fortune mal acquise.

TROUPEAU. — *Que l'on voit*, tranquillité ; *que l'on garde*, aisance due à la pratique de l'économie.

TRUELLE. — Vœux réalisés.

TRUFFE. — Gourmandise.

TRUIE. — Sensualité.

TRUITE. — Délicatesse de caractère.

TUILE. — Evénement imprévu ; *qui tombe*, événement malheureux.

TULIPE. — Luxe inutile.

TUNIQUE. — *Blanche*, innocence ; *noire*, deuil ; *grise*, amitié ; *verte*, espérance ; *bleue* joie ; *jaune*, abondante récolte ; *rose*, prospérité.

TURC. — Insouciance.

TUTEUR, TUTRICE. — Protection.

TUYAU. — *De poêle*, accident funeste ; *d'orgue*, adoucissement de vos peines.

U

ULCÈRE. — Immoralité punie.

UNIFORME. — Célébrité.

URBANITÉ. — Reconnaissance d'autrui.

URINER. — Réussite.

URINOIR. — Bonne santé.

URNE. — *Pleine*, mariage ; *vide*, célibat ; *funéraire*, deuil prochain.

USINE. — Prospérité industrielle.

USURIER. — Profits honteux.

V

VACANCES. — Changement de position.

VACCIN. — Santé excellente,

VACHE. — Infidélité féminine.

VAILLANCE. — Succès amoureux.

VAISSEAU. — *Que l'on voit,* danger; *sur lequel on est,* sécurité; *démâté,* péril imminent.

VAISSELLE. — *Commune,* heureuse existence; *d'argent ou d'or,* pauvreté.

VALET. — Vanité.

VALISE. — *Pleine,* voyage; *vide,* perte d'argent.

VALSE. — Plaisirs suivis de peines.

VAPEUR. — Conception utile.

VAUTOUR. — Rapacité.

VEAU. — Nonchalance.

VEILLÉE. — Nuits passées dans la débauche.

VEILLER. — Débauche; *un mort,* perte d'un ami.

VEINE. — *Grosse,* dilapidation; *petite,* intimité.

VELOURS. — *Que l'on achète,* richesse; *que l'on vend,* tromperie.

VENDANGE. — Abondance.

VENT. — Désolation.

VER. — Vos ennemis cherchent à vous nuire.

VERDURE. — Partie de campagne.

VERGE. — Repentir.

VERGLAS. — Danger.

VERJUS. — Sécurité.

VERMICELLE. — Santé; *si l'on en mange,* voyage.

VERMINE. — Richesse.

VERRE. — *Plein,* abondance; *vide,* disette.

VERROU. — Peine cachée.

VERRUE. — Vices.

VERS A SOIE. — Amis secourables.

VÉSICATOIRE. — Maladie contagieuse.

VESSIE. — Fausse gloire.

VESTALE. — Fille vertueuse.

VESTE. — *Neuve*, joies domestiques; *vieille*, infidélité.

VÊTEMENTS. — *Blancs*, innocence; *noirs*, deuil; *sales*, tristesse; *riches*, joie.

VEUF, VEUVE. — Mariage prochain.

VIANDE. — *Crue*, joie; *cuite*, peine.

VICTOIRE. — Réfrénez vos passions.

VIEILLARD. — Vénération.

VIEILLE. — Aumônes.

VIERGE. — Premier amour.

VIGNE. — Manque de pudeur.

VILLAGE. — Modeste aisance.

VILLAGEOIS. — Bonne conduite.

VILLE. — Commerce prospère; *incendiée*, banqueroute.

VIN. — *Blanc*, récréation; *rouge*, énergie; *de liqueur*, gourmandise; *dans la cave*, fortune; *en bouteilles*, heureuse vieillesse.

VINAIGRE. — *Blanc*, insulte faite à autrui; *rouge*, insulte reçue.

VIOLETTE. — Modestie.

VIOLON. — Bon ménage.

VIPÈRE. — Ennemis cachés.

VISITE. — *Reçue*, amitié partagée; *faite*, hommage.

VOISIN, VOISINE. — Longue vie.

VOITURE. — Chagrin prochain.

VOIX. — *Douce*, amourettes; *aigre*, dispute.

VOL. — (*Larcin*), déshonneur ; *vol d'oiseaux*, nouvelles d'une amie absente.

VOLANT. — Conduite irréfléchie.

VOLETS. — *Neufs*, flatteurs ; *vieux*, faux calculs.

VOMISSEMENT. — Recouvrement d'objets volés.

VOYAGE. — *A pied*, retard ; *à cheval*, caractère prompt à la décision ; *en voiture*, fortune ; *en chemin de fer*, péril.

VOYAGEUR. — Heureuse rencontre.

VRILLE. — Soyez persévérant.

W

WAGON. — Exhortation à la prudence.

Y

YACHT. — Liberté d'action.

YATAGAN. — Trahison.

YOLE. — Tendresse.

Z

ZÈBRE. — Incapacité.

ZÈLE. — Exhortation à faire le bien.

ZÉPHIR. — Femme de mœurs légères.

ZÉRO. — Réussite future.

ZIGZAGS. — Inconstance.

ZINC. — Soignez davantage vos intérêts.

ZIZANIE. — Ennemis inoffensifs.

ZODIAQUE. — Vous gagnerez à la loterie.

EMILE COLIN. — Imprimerie de Lagny

www.ingramcontent.com/pod-product-compliance
Lightning Source LLC
Chambersburg PA
CBHW052052270326
41931CB00012B/2725